中国の発展の道と中国共産党

胡鞍鋼・王紹光・周建明・韓毓海［著］
中西真［訳］

日本僑報社

もくじ

上編　中国共産党の伝統と政治力

下編　中国の優勢と中国共産党

上編　中国共産党の伝統と政治力

一九四九年の新中国誕生以来、現在に至るまで一貫して中国が共産党の指導の下、発展し続けたのはなぜか。一国の成長が、どうして一党の指導の下に実現したのか。そしてその指導的政党はどうして共産党でなければならなかったのか。

本書は中国共産党の立場から客観的視野に立って自国の発展を分析し、その研究結果をまとめたものである。本書を最後まで読み終えたとき、上記の答えがきっと見つかるであろう。そしてなぜ中国が今でもテレビや新聞を通して、あれほどまでに中国共産党の指導を強くアピールしているのか理解できるに違いない。そこにあるのは、ただ自国の発展を誇張し、中国共産党を過大に宣伝する驕りや顕示欲ではなく、科学的分析を通して得た自信と自覚であった。

本編では、この中国の発展を指導してきた中国共産党の伝統と政治力について、三つの方面より論じてみたい。

一　中国伝統文明の発展と超越

中国は歴史的文明を有する国であるが、近代において中国は衰退していた。これは政治的には帝国主義や国内反動派による圧力の結果であり、文化的には旧来の伝統文化が現代の課題に対応できなくなったことによる。

「中国の勃興」は一九四九年の「中国人民の決起」、「人民の真の解放」に始まる。人民の生活水準が全面的に向上し貧困人口が急速に減少すると、階層間、都市と農村間、地域間に存在する発展の不均衡は激化していった。このような不均衡の激化は人民大衆の主体性、自発性、つまり自分が主役であるといった自己認識が弱体化したことによるものであり、また長い歴史を有する封建的階級制度が新たな環境の下で息を吹き返した結果である。こうして中国は、一八二〇年には経済規模が世界の三分の一に達していたが、グローバル資本主義の圧力や帝国主義的軍事・強権の威圧の下、崩壊の道を歩んでいった。

しかしこのような状況にありながらも中国の勃興が実現したのは、中国が独立自主的な科学的発展という新しい道を歩みだすことに成功したからである。

中国衰退の理由

中国が十九世紀になって衰退したのは、一つには地政学的体系の激変による。十世紀になると、ユーラシア大陸をまたいで、日本、欧米諸国、東南アジア諸地域を結ぶ貿易・金融流通体系が段階的に構築されていった。このうちキャフタ（ロシア中東部、東シベリア南部に位置するブリヤート共和国の都市）を核とする北方貿易体系と、日本西南部を核とする海洋貿易体系の二つは、中国を中心とする国際貿易体系の重要な枢軸であった。一六世紀中後期になるとアメリカからの銀の輸入や帝国主義の軍事力拡張が激化し、そして十九世紀には世界の地政学的激変のため、中国を核とする世界貿易体系や貨幣の流動体系は崩壊の一途をたどったのである。

第二の理由は金融面に関するものである。中国社会は十世紀以降すでに「近世」に突入していたが、宋、元、明、清から中華民国にいたる数百年という長い期間、経済や社会に対して放任主義を採っていたため、中国には自前の貨幣というものが無かった。宋代の経済は東南アジア諸地域や欧米諸国からの銀に頼り、明の隆慶帝（一五六六年～七二年）以降はアメリカから銀を大量に輸入していた。これは中国が長期的に発展していく上でのネックとなった。近代中国における改革の先駆者、康有為《こうゆうい》は清の皇帝に上奏した『銭幣疎』の中でこう述べている「中国はこの四百年、自国通貨というものが無く貨幣の供給を他国に依存している。これは〝名誉、真実、有益〟を欠いたものであって、つまりは〝世にも稀なる大損失〟である」[注1]。また中国における革命の先駆者、孫文の革命の目標の一つが「貨幣革命」であった。中国国民政府は一九三五年になってやっと銀本位貨幣を廃止し自国管理貨幣「法幣」を発行したが、これは成功するどころか逆に日本の侵略を招く主な理由の一つとなった。一五〇〇年以降の欧米諸国と比較すると、中国には国家金融戦略といったものがなかったため経済成長が見られず、これはまた中国の発展が苦境に陥る大きな理由の一つとなった。

第三の理由は「国家の組織力」に関する。宋代以降に見られる、経済・市場の絶え間ない発展と国家組織力の継続的低下の間にある矛盾、これが中国衰退の第三の理由である。宋代以降、国家の統治能力は総体的に低下し、これが国家の組織力低下を招くこととなった。中国の官僚層はこのときすでに、近代化しつつあった国家を統治する能力を失っていた。つまり経済・財政・税収・司法・軍事・金融等を管理する具体的な能力は言うまでもなく、人民を組織し教育する能力をも失っていた。日ごとに腐敗が進む官僚層は、中国社会の近代的発展にとってもはや邪魔者以外の何物でもなくなっていた。末端層に対する統治についてはかなり以前から、重税を取り立てるしか能のない下級役人の手に落ち、このときの中国はすでに管理者、統治者のポストが「空席化」した危機的状況に陥っていた。

末端層の改造

昔から中国における政治の最大の弊害といえば、末端層をかえりみないことであった。時の政府は地方でのさばる金持ちや地主、暴力団、闇の「包税人（納税代理人）」を野放しにし、彼らが末端層を食い物にするのを黙認していた。蒋介石の著書『中国の命運』では、末端層に干渉しないことを中国の誇るべき伝統とみなしている。つまり末端層は地方の豪族や暴力団による「自治」を頼りにしていると蒋介石は考えていた。「大衆は自分達でやりくりするべきであって法の干渉を待つべきではない。互いに助け合う精神によって大衆は福利を享受することができるのであって、政府の指導を待っていてはならない。教育ならば農村学校、被災者救済ならば義田、義荘（互助事業のために設けられた土地やその運営組織。富裕な地主や商人の寄付などによって設置された）、凶作対策ならば社倉（飢饉に備えて穀物を蓄えておく倉）による貯蔵、防犯ならば保甲（宋代の民間自衛・相互監視組織。相互監視と連座を採用した）により連帯責任を負うことが挙げられる。その他堤防、用水路、道路、河川等に関する修復・浚渫工事は皆、村人総出で行えばよい」。つまり地主や豪族、暴力団達によって支配されている末端層はまるで天国にいるようなものだ、と蒋介石は考えていた。

中国共産党による政治面の最大の成果の一つが、末端層に深く入り込めたことである。中国共産党は末端層の人民大衆と血の通った関係を構築し、地主や豪族、暴力団が略奪し残したものを奪い返し、その一部は末端層の人々の手に返し、一部は国家の発展と建設のために計画的に用いた。このようにして国家喪失の危機を一挙に解決した。共産党は、地主、豪族、暴力団、民間信仰組織らのように末端層をむさぼることはしない。共産党は「三門幹部（実務経験の少ない幹部）」に抗うと同時に「チンピラのボス」的な幹部にも断固として抗っていく。

一方中国共産党による文化面最大の成果の一つが、中国の伝統文化に対する革命であり、とりわけ儒家、官僚層、封建的階級の政治に対して行う革命である。革命の最終目標は平等であり、中国人民の真の解放である。

一九七〇年代、ハーバード大学政治学教授のジョン・ロールズ（John Rawls）氏は著書『正義論（A Theory of Justice）』の中で次のように述べている。

「欧米諸国の政治が崇拝している〝自由〟は、〝社会の平等〟に対して解決不可能な矛盾を生み出している」

注1　康有為：「銭幣疏」、『康有為全集』、第一集、一七三頁、北京、中国人民大学出版社、二〇〇七年参照。

「立法によって社会の最貧困層に対する福利を推進、改善すべきである」[注2]

労働者の権利と利益を守るために法律を制定し、〝平等〟と公正でもって〝自由〟を制約することを明確に打ち出したのは欧米の法制史上初めてのことであった。

議会民主制について述べると、欧米の議会制度は資産階級が権利を握っていたため、労働者階級の有権者を代表する政党は立法という方法を通して資産階級と駆け引きするしか方法がなかった。一方、新中国の議会制度は労働者階級にある人民が主役であった。しかし中国もまた西欧と同様に、資産階級的政党は政治協商という合法的方法によって資産階級のために権利を勝ち取っている。このように欧米と中国の議会民主制は両者とも同じプロセスをたどるものであり、両者の違いを挙げるとすれば欧米の民主制は「自由」に偏っており、新中国の民主制は「平等」に着目していることぐらいである。

それゆえ、欧米の民主制は「上級段階」にあり中国の民主制は「初級段階」にある、と考えることは全くのナンセンスである。

なぜ中国は数千年もの間、国家の組織力に関する問題を一度たりとも解決することができなかったのだろうか。決定的な要因は、儒家のエリート官僚政治にせよ、法家の積極的な官僚政治にせよ、いずれにしても皆政治改造の核心に触れることができていない、つまりいかにして人民の積極性を根本から触発させるかが分かっていなかったからである。皇帝から末端庶民に至る各階層が複雑に積み重なった国家構造を有する中国では、人民の積極的な働きに頼らなければ組織力を十分に発揮させることなど不可能である。

長い歴史の中でただ共産党だけが、トップ層には希望が持てないこと、トップダウンのやり方では決して有効な改革は行えないことを深く理解していた。だからこそ全身全力で末端層の改造を行い、末端の人民に教育を施し、人民を組織し、大衆を啓発してきた。

革命闘争の時代、つまり経済的貧窮や文化・技術面で立ち遅れていた時代に、中国共産党は物質的資源や潤沢な資金といったものが無いにもかかわらず、それでも苦しみに喘ぐ大衆を励まし力づけてきた。「無数の農民と労働者に呼びかけ、一心同体となって実行する」ことが可能となったのは、共産党の働きによって中国人民が「世界も国も社会もそこに属するわれわれのものだ。われわれが声をあげなければ、誰が言うのか。われわれがやらずして、誰がやるというのだ」[注3]と、心底納得して自覚と確信を持つようになったからであり、また共産党には、人民が「全ての中国人が革命の主体であり、一般大衆の一人ひとりが新中国の新しい主人公である」という自覚と確信を持てるように啓発する方法があったからである。

中国共産党が構築したのはかつて誰も成しえなかった「人民社会」であり、それは欧米の「市民社会」を超越するものである。また中国共産党が打ち立てた「人民民主」は一般的な選挙民主の意義を超越したものである。法律制度がすなわち民主である、というのは大きな誤解だ。なぜならば民主とは人民が法律の制定者、社会の主人公となることだからだ。世界の一大事や国家的大事件が一部のエリート、専門家、統治者の私事となるとき、あるいは「人民のために、国家を奪い返そう」が政治家の方便となるとき、実はそれは封建主義に後戻りすることを意味する。

イデオロギーに関わる政治活動は共産党にとっての生命線であるが、共産党のイデオロギー教育は末端層に深く立ち入り、末端層の人民を組織し教育するものであって、決してエリート層に対して教育することではない。党の事業を成功に導くためには、イデオロギーに関わる政治的教育やイデオロギー路線に関する討議は全て末端層を対象とせねばならず、また全てのイデオロギー路線は一般労働者のうちに展開すべきである。イデオロギー教育の対象がただ

注2　ジョン・ロールズ：『正義論』、北京、中国社会科学出版社、一九八八年参照。
注3　毛沢東：「民衆の大連合」、『湘江評論』掲載、一九一九年第2、3、4号参照。

「教育を受けた者」「高等教育を受けたことのある者」に限られると考えるならば、中国はまた過去の失敗を繰り返すであろう。

人民の徹底的解放

中国共産党は中国の伝統文化に対し批判もすれば承認もするが、それと同時に伝統文化を徹底的に分析し正しい認識を得ることも怠らない。伝統文化に対する共産党の重大な発見の一つが、墨家の優れた伝統を改めて発掘し回復させたことである。

この伝統の中核は「人民のために討論する」ことを「人民のために汗を流して働く」ことへと変え、「人民を代表する」ことを「大衆の中へ深く入り込む」ことへと、そして「人民に語らせる」ことを「人民に奉仕する」ことへと変えることである。

中国の革命に対する政治的理念は歴史ある伝統に基づくものである。魯迅はかつてこう語った。

「中国には昔から、脇目も振らずに没頭して励み、命を懸け歯を食いしばって人民のために請願し、真理のため自らを犠牲にすることを厭わない、そういった人たちが存在した。これこそ中国の勇気の源である」

この魯迅の語っていることこそ墨家の信条でありその行いそのものである。

改革と大同の世

毛主席は「孔子にはじまり孫文にいたる」という言い方をするが、これは儒家を含めた歴史ある文明の真髄について改革や革命の角度から解き明かそうとするものであり、毛主席が言わんとすることは数千年におよぶ中国の改革と革命の「大道」についてである。

儒家の説く「大道」とは本来二つの中心的思想を含み、その一つが改革・改定を勧めるものであり、二つ目が「中央による統一」および「大同の世（人類平等の理想的社会）」を主張するものである。この二つの思想は極めて重要な歴史的目標と言える。

武徳の発揚

中国共産党による中国文明の改造と発展のもう一つが、「武徳」を奮い立たせて発揚させたことである。この点において共産党はまた、中国人民の心と思いを徹底的に変えた。

兵役に就くことは名誉なことであり、名誉ある者こそが兵役に就くことができる。これは共産党および新中国が生み出した気風である。新中国の偉大な業績の一つが「虐げられた時代に終わりを告げたこと」であり、また毛沢東の実績の一つが「中華民族の〝武徳〟を奮い立たせたこと」である。「三大規律、八項注意（人民解放軍が一九四七年に制定した軍の規定）」はまさに「武徳」を具現化したものである。中国は「人民戦争」によって帝国主義の暴力を押し返し、「三つの世界論」[訳注1]を打ち立てた。これこそ今までに例を見ない「武徳」の実践であった。「好八連（中国人民解放軍上海警備区特務団三大隊第八中隊）」が全国にその名を知られているのはなぜか。それは彼らの堅固な意志のゆえである」「腐敗から身を守り、決して悪に染まらない」「軍人と人民が一人の人間のように団結するとき、一体誰が敵対できるというのだろう」。これは毛沢東が一睡もせずに人民解放軍と一般兵士のために書き上げた詩である。そこに歌われているのもまた「武徳」である。中国が「武徳」を手放すならば、この残酷な世界において中国は危険にさらされることになる。

訳注1　世界を米ソ両超大国からなる第一世界、西欧・日本・カナダ・東欧諸国など工場諸国からなる第二世界、アジア・アフリカ・ラテンアメリカ・中国・北朝鮮・北ベトナム〈当時〉などからなる第三世界に分ける中国の外交戦略論。出典：『日本大百科全書』（小学館）。

今日、中国共産党は経済発展だけでなく戦略的課題についても重要視している。アヘン戦争、日清戦争などの歴史を顧みると明らかなように、どれほど立派な発展モデルや戦略があったとしても敗戦してしまえばそれらを実施するどころか全て水の泡となってしまう。そうならないためにも中国は歴史を研究し現実に目を留め、決して空論に走らず「生死存亡の道」の探求を第一としている。

中華文明の偉大なる復興、伝統ある文化の尊重は大切なことであるが、科学的かつ革命的態度でもって伝統ある文明に向き合うことも必要である。中華文明を発展させ超越してこそ本当の意味における文明の継承と永続が可能となり、革命的かつ創造的態度なくして伝統を守ることは不可能である。

二　マルクスの理論、その展開と超越

マルクス・レーニン主義は決して真理を極めたのではない。むしろ真理を認識する道を実践の中でたゆまず切り開いていているのだ

――毛沢東

一九二一年七月二三日、毛沢東ら一二名は「北京大学師生暑期旅行団」という名義の下、上海市フランス租界内の貝勒路樹徳里三号（現在の興業路七六号）にて会議を開催し、七月三一日浙江省嘉興の南湖の船の中で終了した。

中国共産党は誕生したばかりの頃、現代中国に林立する二百余りの政党の一つにすぎなかった。近代中国の第一党である中国国民党の成立宣言にうたわれている「三民主義、富国強兵」という理念に比べ、[注4]中国共産党が党の努力目

標として大々的に掲げたのは、たゆまぬプロレタリア革命により最終的には人類の社会から搾取制度を消滅させるというものであり、それはまさに荒唐無稽な理想のように思われた。

中国共産党第一回全国代表大会において人類史上のあらゆる営みを「生産力の発展および生産関係の変革」と描写したことは、中国史上初めてのことであった。この「生産力の発展および生産関係の変革」というマルクス主義の基本的な論断は、中国と世界を描写したものである。

中国共産党は、中国数千年の歴史において未曾有の非常事態、または人類史上初の大変革の産物であり、また現代中国における思想文化革命の産物でもある。

長きにわたる、言語に絶する苦難を伴う革命と建設の中で形成された毛沢東思想および中国社会主義の理論体系は、人類にとっての認識論の大革命を意味している。

共産党内にはマルクスの思想書を手当たり次第むさぼるように読みこなすことの出来る「読書人」はほとんどいない。むしろ党員の圧倒的多数が末端層出身であり、その土地で生まれ育った一般人に過ぎない。王明《ワンミン》（中国の政治家）のようにマルクスやレーニンの思想書をすらすら暗記できる人間など当然一人もいない。しかし中国共産党は「中国社会各階級の分析」（毛沢東の論文）を土台とし、「持久戦論」（毛沢東の執筆したゲリラ戦論）を武器に、地球上で最も凶悪残忍な帝国主義の暴力を叩き潰した。「人民に奉仕する」（毛沢東が張思徳の追悼会で語った弔辞）、「ベチューンを記念して」（抗日戦争で殉職したカナダ人医師ベチューンを偲んで毛沢東が発表した弔辞）、「愚公移山」（中国の故事を題材に毛沢東が記した同名の論文）、これらは皆、今日の一般の中国人、老若男女誰にも親しまれる新しい『論語』であり、『伝習録』（明代に王陽明が記した陽明学の入門書）、『思問録』（明末から清初の思想家王夫之によって

注4　「国民党宣言」一九一二年八月一三日、北京『民主報』、一九一二年〇八月一三日参照。

書かれた哲学・自然科学書）から『毛主席語録』にいたるまで全て、中国古来の「知恵」がこの現代に昇華されたものである。

哲学は武器なり：「実践論」と「矛盾論」

中国共産党はこれまで多元的主体間を対象としたゲーム理論や実践論でもって、物質と精神といった実体二元論を超越し、人類のイデオロギーに対する大革命を推し進めてきた。

感性的認識から理性的認識にいたるまで現象を通して本質を認識する、これが欧米の認識論の全貌であるが、マルクス主義もまた同様にして社会主義を「空想的」から「科学的」へと導いた。

アヘン戦争の三〇年も前にヘーゲルはすでに次のように宣言している。

「人類の歴史は欧州にて完成を見た。今後、地球上のどこにも西欧文明の確固たる地位を脅かすような文明は生まれないであろう」。

これは科学的民主主義であろうと法制による人権であろうと、また自由主義、社会主義を問わず、この五百年来、欧米由来でない真理など存在せず、真理のゴールは欧米にあって、真理は欧米が発明し主張する「科学」および「理性」にその完成を見た、というものである。

近代中国が体験した「中国数千年の歴史において未曾有の非常事態」は民族存亡の危機にとどまらず、文明崩壊の危機でもあった。欧米人の目に映る中国は、軍事や物資が衰退しているだけでなく、精神や思想までも衰退した国であった。

しかし中国共産党は中国文明の思想的創造力を再建することに成功した。中国共産党にとっては科学も理性も、決して認識活動のゴールでもなければ全てでもない。それは本当の意味において認識活動の始まりでありスタートラインにすぎない。たとえこのような知識や科学的理論が正しいものであり、世界中に通用するスタンダードだとしても、人類の正しい認識は知識や科学的理論から得られるものではないからだ。

こうした意味においてマルクス主義を含めた一切の理性や知識も、また事象の本質を捉えているとされる一切の科学的理論も、ただ認識における基礎でありスタートラインにすぎず、決して認識活動そのものではない。

中国共産党は「世界を認識し掌握する基本的な方法は知識や科学的理論ではなく、それを基礎としスタートラインとした〝実践〟である」という考え方を、人類の歴史において初めて打ち出した。

マルクスは哲学を科学に基づく科学としたが、中国共産党は哲学を武器とした。

今までに経験したことのない苦難に満ちた革命や建設の闘いを通して中国共産党は以下のことを認識するに至った。

・「多元的な矛盾が共存し、また互いに転化していくような複雑な世の中は、本質化した知識によって把握できるものではない」

・「めまぐるしく変革していく革命や建設のプロセスというものは、静的な科学的理論で描ききれるものではない」

・「十数億の人民による創造的活動を客観的理論の成果と見なすこと、つまりそのような創造的活動がはるか以前からどこかに存在していて、客観的理論によって認識され予見されたとすることは不可能である」

人民による複雑な激変の歴史は決して単純な「認識の過程」ではなく、また現象から本質へ、感性による認識から理性による認識へといった過程でもない。それはほかでもない「実践の過程」であった。

しかもここで言う「実践」とは大衆の中から生まれ、大衆の中に帰っていくものであり、人民の中から生まれ、人民の中に帰っていくものである。こうした循環は繰り返され、永遠に続く。

現在に至るまで中国共産党の伝統や態度と呼ばれるものは全て、現実の中で真理を追求するスタイル、「大衆路線」、

「独立自主」といったものであった。世界を認識するこのような全く新しい方法は、認識論に対する革命である。

このような党の伝統や態度こそ党の生命線であり、また複雑で変化し続ける世界を認識し改造するための中国共産党の基本手段である。

中国共産党の哲学にとって一番重要なのは「戦略、戦術」であって、「概念、類型」ではない。

二十世紀という苦しみと栄光に満ちた道のりは、中国における革命と社会主義建設にとって成長の過程であり、また中国共産党と中国人民が実践を通して絶え間なく成長し続け自信を回復していった過程でもある。「駆け抜けていった二十世紀」はまた、欧米の「理性的独断論」が破滅と崩壊へ向かった時期でもあり、楽観的で単純なヨーロッパの啓蒙思想がますます複雑になり、変化し、深刻化していった時期でもある。さらには永遠に世界に君臨できるという欧米の自信とその神話が根本から覆される、試練と脅威に直面した時期でもあった。

二十世紀、先駆者達は欧米が発明した科学や理性といったものが世界を席巻するであろうと信じて疑わなかった。しかし百年後の今日、覚醒された者たちはゲーム理論的な思想の産物である相対理論、熱力学第二法則ひいては「不確定性原理」こそが本物の科学的認識論であると一般的に認識している。

ジョン・キング・フェアバンク教授（アメリカの歴史学者、中国学者、ハーバード大学名誉教授）はこのように指摘している「近代化は決して欧米が初めて提議し実現したものではない。また他の地域が競って模倣するような方策でもない。現代世界史は決して欧米の歴史の複製品ではなく、本当の人類史は〝挑戦――応戦〟といった一大決戦であり、このような前代未聞の〝大局面〟にあって生死を決めるのは指導者、意思決定者の戦略的視野や戦術レベルであり、そして創造性豊かな意思決定力にかかっている」。

ここで言われている戦略的視野とは長期的で確固たる理想であり目標であって、人類の歴史を総体的に俯瞰できる能力を指している。また戦術とは時機をうかがい、めまぐるしく変化する状況の中で自己を保ち、敵に打ち勝ち乗り越えていく具体的措置を指している。そして創造性豊かに新機軸を打ち出す能力は、困難に直面したとき多様かつ矛盾した様々な方策の中から最適な策を選び取り、電光石火のスピードで実施する能力が基本となっている。

中国共産党が「数千年来、未曾有の非常事態」に対処する中で、また前代未聞の「挑戦——応戦」の中にあって確立したゲーム理論的思考方法は、「存在——意識」「物質——精神」といった二元論的な静態分析を基礎として確立された認識論を超越するものである。それは「理想は高く、戦術は臨機応変に。戦略の上では敵を軽視し、戦術の上では敵を重視する。敵を知り己を知る。長所をもって短所を補う。衆知を集めてあまねく意見を吸収する。集中的指導の下における民主」といったものであった。

毛沢東の著した「実践論」は、共産党員たるものは世界を認識するだけでなく、実践を通して世界に対する自分の認識を絶えず改革していくことがより重要であると語っている。

「しかしながら一般的に言って、自然の変革にしろ社会の変革にしろ、その実践の中にあって、人間が最初に定めた思想、理論、計画、方策が全く変更されないで実現することはまずありえない。こうした状況の下、実践においては予想だにしなかった状況のため、思想、理論、計画、方策を部分的に変更することはよくあることで、全面的に変更することすらありうる。つまり最初に定められた思想、理論、計画、方策が部分的にもしくは全面的に実情にそぐわない、あるいは部分的にもしくは全面的に間違っているといったことは皆ありうることなのだ」[注5]

「実践論」の中で毛沢東は「共産党員たるものは学ぶことに長けているだけでなく、実践を通して自分の学びを改革していくことがなおさら重要である。すなわち戦略および戦術を調整するために、マルクスから学んだものを含め

注5　毛沢東：「実践論」一九三七年七月、『毛沢東選集』、二版、第一巻、二九三〜二九四頁、北京、人民出版社、一九九一年参照。

学び得た一切の事柄を絶え間なく改革していくことが重要だ」と語っている。

「社会運動の考えに基づいて言うと本物の革命指導者は、自分の思想、理論、計画、方策に誤りを認めたとき、前述したとおり自分の考えを正すことに習熟していなければならない。またある客観的プロセスがすでにある発展段階から別の発展段階へ移行していると気付いたとき、自分を含め革命に参加している全ての人間もまた主観的認識においてその移行に合わせることを習熟しなければならない。つまり革命の任務あるいは事業計画を新たに打ち出すときには、状況の変化に即して行わなければならないということだ。革命の時期における状況の変化は大変めまぐるしいため、もしも革命党員の認識がこうした急速な変化に対応できないならば、革命を勝利に導くことなど不可能な話である[注6]」

「実践論」は語る。「マルクス主義は決して理想でもなければ究極の目標もしくは結論でもない。それは基礎であってスタートラインなのだ。中国共産党がマルクス主義を学ぶのは、マルクス主義を展開し超越するためなのだ」と。

「変化し続ける現実の世界を客観的に観察することに終わりはない。実践を通して真理に対する認識を深めることもまたゴールというものがない。マルクス・レーニン主義は決して真理の探求を終わらせるものではなく、真理を認識する道を、実践を通して絶えず開拓するものである[注7]」

共産党にとっての「認識」とはつまり、絶え間なく「自らの認識を改造すること」であり、「学習」とはつまり絶え間なく「自らの学習を改造すること」である。

まさにこうした認識論に対する大革命によって、中国共産党はマルクス主義を学習するとともに、創造性豊かな実践を通してマルクスの主義・理論を絶えず展開し超越していく。

マルクス主義階級論、民主主義革命論の超越

中国共産党あるいは毛沢東の哲学はまさに矛盾の多様性を強調するところにあり、矛盾の多様性、矛盾の具体的な各方面から始めてこそ、矛盾の全体像や根源を研究することが出来ると強調している。矛盾の根源と本質を観察し把握するとともに、多元的矛盾の共存、相互転化にも十分注意を払わなくてはならない。いわゆる「根本的矛盾」や「主要な矛盾」は絶えず変化しており、ある時期には主要であった矛盾がまた別の時期には副次的な矛盾になりうる。また多元的な矛盾の対応を誤ると根本的矛盾の解決は不可能となり、副次的矛盾の対応を誤るとそれは主要な矛盾へと成長してしまう。

現代の中国は多種多様な矛盾と同時に向き合っており、また共産党もこれまで多重的矛盾、多重的関係といった困難に向き合い対応してきた。これこそ現代中国と欧米が全く異なっている点であり、中国の基本的な国情そのものでもある。

これはまた毛沢東の「矛盾論」が欧米の弁証法より優れている点でもある。

注6　毛沢東：「実践論」一九三七年七月、『毛沢東選集』、二版、第一巻、二九四頁、北京、人民出版社、一九九一年参照。
注7　毛沢東：「実践論」一九三七年七月、『毛沢東選集』、二版、第一巻、二九六頁、北京、人民出版社、一九九一年参照。

「何か重大な事柄が新たな展開を迎えるときには、多くの矛盾を含むものだ。例えば、中国のブルジョア民主主義革命のとき中国社会には被抑圧階級と帝国主義の矛盾、人民大衆と封建制度の矛盾、無産階級と資産階級の矛盾、農民および都市の中産階級と資産階級の矛盾、各反動的支配グループ間の矛盾等々が存在し、情勢は非常に複雑であった。こうした矛盾というものはそれぞれ特殊性を有しているため一律に捉えてはならず、また一つひとつの矛盾自身もそれぞれ特徴を有しているためやはり一律には捉えられないものである。われわれ革命に携わる者はそれぞれの矛盾を全体から、つまり相互に連結している矛盾全体からその特殊性を理解しなければならないのは言うまでもないが、矛盾の各方面から研究に着手しなければその全体を理解することはできない。いわゆる、矛盾の各方面についての理解とは、各方面がどのような特定の地位を占め、どのような具体的形式によって相手と互いに依存しあう、あるいは対立する関係が生まれるのか、そうした互いに依存しあい対立する関係にあって、あるいは依存が崩壊した後に、今度はどのような具体策をもって相手と戦うのか、について理解することに他ならない」[注8]

マルクスの時代、欧米社会の「根本的矛盾」や総体的矛盾とは、つまり無産階級と資産階級の間に存在する矛盾のことであった。しかし現代中国の状況はこれとは全く異なっている。中国共産党の認識によれば現代中国が直面しているのは多元的な矛盾であって、多元的矛盾の相互依存や相互転化、つまり多元的矛盾が相互に影響し合うといったスタンスに立ってはじめて、中国の問題を観察することが可能となる。

「中国国民党第一回全国代表大会宣言」は過去の三民主義を以下のように修正した「近世各国における、いわゆる民権制度はいつでも資産階級によって専有され、庶民を抑圧するのに都合の良い道具とされてきた。しかし国民党の民権主義は一般庶民によって共有されるものであり、少数の人間によって私物化されるものではない」[注9]。孫文の考える中国の新民主主義は、資産階級の民主ではなく厖大な一般庶民の民主であった。中国の新民主主義の基本目標は一般庶民の生活環境を改善することであって、これこそ孫文が言うところの「民生」である。民生の改善なくしては、民権主義も民族主義も全て無に帰する。

蔣介石が孫文の三民主義に背を向けて後、中国共産党はマルクス主義の民主に関する学説を展開した。一九三九年、毛沢東は『中国革命と中国共産党』の中で次のように述べている「中国における新民主主義とは資産階級の民主でないばかりか、無産階級の民主といった単純なものでもない。それは厖大な庶民のため、貧しい民のための民主である。したがって中国新民主主義の尽きることのない強大なパワーは資産階級でも無産階級でもなく、〝人民民衆〟であり〝人民大衆〟である」。

「無産階級が指導する、人民大衆のための、帝国主義・封建主義・官僚資本主義に抗する革命」、これこそが中国における新民主主義革命である。このような民主主義革命の主役は一般的な資産階級でも無産階級でもなく、「人民民衆」による統一戦線である。つまり中国の民主主義革命の主体は「動態連合的主体」あるいは「多元的主体」であって単一的主体ではない。中国共産党が実践する民主主義は、マルクス主義を含む欧米の現代民主主義論を超越した。いわゆる統一戦線は、民主主義革命の主体が二種類の人間によって構成されているということである。その一つが資産階級と中産階級であり、もう一つが農民や労働者といった苦労に喘ぐ大衆である。あるいは、一つが帝国主義の略奪に不満を抱く富裕層および買弁[訳注2]・官僚等特権階級の抑圧に不満を抱く庶民であり、もう一つが圧倒的多数の貧しい民である。こうした二種類の人間は帝国主義・封建主義・買弁資本といった共通の敵を有し、また共通の利益をも

注8　毛沢東：「矛盾論」一九三七年八月、『毛沢東選集』、二版、第一巻、三一一〜三二二頁、北京、人民出版社、一九九一年参照。

注9　『孫中山全集』、第九巻、一二〇頁、台北、中華書局、一九八六年。

訳注2　外国資本に専属して取引の仲介を行うことで利益を得、自国および自国民の利益を抑圧する資本家や商人。出典：『大辞泉』（小学館）。

有していたため統一戦線といった形の連合、二大民主勢力の連合を実現することとなった。そしてまた中国社会をまたぐ新民主主義と社会主義、この二つの段階は中国の革命に二重の任務を与えることとなる。多数の貧しい民、とりわけ無産階級の自己犠牲による参画により中国の民主主義革命はブルジョア革命を超越して社会主義革命の性質を帯び、また中国の経済面での立ち遅れのため中国の社会主義は長期にわたって資本主義的性質を含んだものとなった。

中国の革命が「果てしない革命」であるのは、こうした革命の原動力や主体のためである。つまり中国の革命の原動力や主体が単一階級ではなく、二大社会勢力の連合によって構成された統一戦線であるからだ。このような連合は変化のない固定的なものではなく、そこには闘争があった。こうした「連合的主体」の成立には二つの重要な要素が関わっている。その一つは、資産階級や中産階級は農民や労働者との連合を望み、決して自分から帝国主義や買弁階級に屈しないといったものであり、もう一つは共産党の指導である。特に資産階級や中産階級が帝国主義や買弁階級の強大な権力や勢力に屈服させられるとき、共産党は多数を占める、労苦に喘ぐ大衆の側にしっかりと立ち、中国と中国の革命を導いてきた。

一九九〇年以降の歴史が証明しているように、中国共産党が資産階級、中産階級と共に団結し連合して革命を行う懐の広さは一貫しており、たとえ大資本家階級の極右派が「四・一二事件（上海クーデター）」において共産党員を虐殺したとしても、それでも共産党は西安事件での平和的解決や蒋介石との連合による抗日を主張してきた。そしてついに資産階級や先見の明がある者らも蒋介石の真の姿を認めるにいたると、「新政協」という方法によって共産党と新中国の側に立つようになった。今日の中国において「先に富んだ」者は共産党の堅く守ってきた「共に富む」を頑なに拒み、また資産階級右派の頭の中には労働者を虐げることしかなく社会の激変を招いている。それでも共産党は、資産階級や中産階級が社会主義建設の重要な原動力であり、資産階級の利益は一貫して守られ尊重されるべきであり、わが国の五星紅旗（赤地の国旗の五つの黄色い五芒星は中国共産党、農民、労働者、中産階級、愛国心ある資産家を示している）の星は一つとして損なわれてはならない、といった考えを硬く守ってきた。こうした点にも共産党の懐の深さが示されている。

中国共産党の考える階級とは革命や変革の中でこそ認識できる類型のことであり、生産力に関する類型に限定されない。というのも時代の変革期には自分の既得権益を守るため先進的生産力を独り占めにしようとする階級が現れるからだ。このような先進的生産力を独占している階級は変革や継続的な革命を望まず、革命や変革が行われるときには先進的生産力を独占していながら保守的、後進的、反動的な存在となる。

いわゆる生産力の解放とは先進的生産力を特定の階級による独占から解放して人民大衆の手に渡すことであり、また発展による恩恵が人民によって享受されるようにすることを指す。ここで言う先進的生産力の本質とは決して技術的な先進性を指しているのではなく、新しい生産方式、労働のスタイル、生活様式を編みだすことを指している。また民主的でありながら中央集権化されたものでもあり、統一化された意志でありながら一人ひとりの心を伸び伸びとさせるものでもある。このような状態は「和諧社会」であり、活き活きとした政局と言えよう。

先進的生産力とは先進的な生産設備や労働の道具を発明したり使いこなしたりすることを指しているのでは決してない。単にＧＤＰの成長を指しているのではなく、人民大衆の積極性、創造性、主体性が十分に発揮され保障されていることを指している。

これこそ中国共産党がマルクス主義の階級論を超越している点である。

中国共産党の考えでは、中国の民主化や発展の原動力は大多数を占める人民大衆であり労苦に喘ぐ民衆である。またこの原動力はこうした変革や革命を切望する末端層の民衆であり、生産力の発展がもたらす恩恵を共に享受することを求め、そのために改革や革命が立ち止まることを許さない末端労働者たちである。これはまさに孫文が早くから「最も根本的なことだが、中国民主化の原動力は決して資産階級ではない」と指摘しているとおりである。

ではなぜ中国の人民民主主義は立ち止まることがないのか。なぜ中国の生産力は向上し続けるのか。なぜ資産階級独裁は人民民主独裁に取って代わることができないのか。なぜ資産階級の政権は中国の革命的政権や社会主義政権を打ち破ることができないのか。

それは中国の人口の半分以上を占める一般労働者の気持ちにかなっていないからである。彼らは資産階級による独裁を許さず、新しい先進的生産力をその手中に収めること、発展がもたらす恩恵を共に享受することを絶えず要求している。そしてこの一般労働者は共産党による指導が無くなることや社会主義制度が失われることを望んでいない。それゆえに人民大衆の不満を目の前にした共産党は、一貫して変革を求める一般労働者の側にしっかりと立ち続けなければならないのだ。

かつて毛主席はこのように語った。

「私は人民の受けている苦難に思い至った。人民は社会主義に向けて進もうとしている。それゆえ私は大衆を頼りにするのだ。

新中国の誕生に一体どれほどの命が失われただろうか？　このことを誰が真剣に考えただろうか？　私はこのことについて考えたことのある者である」[注10]

また鄧小平はこのように警告している。

「中国には一一億の人間がいる。仮にその十分の一の人間、つまり一億余りの人間が豊かになったとしても、残り九億余りの人間が貧困から抜け出られないのなら、そのときは革命以外に方法はない！」[注11]

中国の新民主主義革命は無産階級革命にすぎない、と考えているような者たちは、中国の国情に対する理解と言った点で孫文に劣る。

ソ連社会主義の道の超越

労働者は「物質的形式においてのみ独立性を有する」といった考え方は全くもって間違っている。社会主義の優越性は決して経済成長のみにあるのではなく、また物質的な財産を作り出すことや、労働者が「物の独立性を制御」することにとどまらない。むしろ「新社会」を形成することにあり、こうした「新社会」において無産階級や労働者は、労働の主体、「物の主体」であるだけでなく、むしろ新しい認識、新しい実践の主体である。労働者は物質的な財産を生み出すとともに、新しい生産方式・交換方法・生活様式を絶え間なく創造し、今の時代にあって生態系の脅威や発展の苦境といった試練に立ち向かわねばならない[注12]。

こうした意味において中国の勃興は当然経済の勃興や「物の勃興」にとどまらない。社会主義新中国の勃興は、つまり「新人民社会」の勃興であった。しかもこの新人民社会の勃興は人民主権と同源・同義語である。それは、各人がそれぞれの能力を用いて働き、それぞれの場所でそれぞれの領域において労働者が参画できる道筋を大きく拡張し、

注10　「呉旭君との談話記録」二〇〇二年一月一八日、逢先知・金冲及主編『毛沢東伝　一九四九——一九七六』下、一三九〇頁、北京、中央文献出版社、二〇〇三年参照。

注11　『鄧小平年譜　一九七五——一九九七』下、一三一七頁、北京、中央文献出版社、二〇〇四年。

注12　初めは抽象的な方法を用いてヘーゲルの主人と奴隷の弁証法を展開し、その後これによって西洋の近代を批判するようになったニーチェは次のように指摘している「〝社会の主人〟の道徳とは真理を追究することであって物質的利益を追求することではない」「〝有益〟〝実用〟を規準とする西洋の近代的標準は人類にとっての倫理である〝奴隷の道徳〟を崩壊した」。ニーチェ：『道徳の系譜』、北京、三連書店、一九九二年。

一人ひとりがチャンスとそれに伴う義務を手にすることができるよう社会参加の充実を実現することを主張する。そしてまた伸び伸びとした知識、皆で分かち合う資源、公開された管理、情報の透明性、よどみない交流、こうしたことを尊重する。それゆえに直接生産者を主体としたエコロジー経済や「和諧社会」といった新しい形態の中では、より人間的（つまり生産ライン上で働く機械の歯車にとどまらず）でより臨機応変で、また個人や組織の創造する潜在能力をより一層引き出すことのできる生産および流通プロセスが実現される。

また「新人民社会」は、階級制度の軟化・弱体化を強調し、労働者が管理に参画することを激励し、技術の多面的な機能を重視し、多彩な人間によるチームワークや協力――競争関係を勧める。また無産階級の使命とはただ単に労働の解放を促すことだけではなく、商品や金銭によって支配されている市場や社会を、あるいは大、中の資産階級によって支配されている市民社会を改善し、一般労働者が主役となる人民社会を新たに再建設する。性質、階層の異なるそれぞれの組織が効果・利益を上げられるようになってはじめて、労働者の解放が本当の意味で可能となる。もしも「和諧社会」を実現させられなければ、中国経済の勃興はただ「物の勃興」で終わってしまうだろう。

無産者や労働者の使命は物質的世界の改革や物の支配にとどまらず、労働者間の平等、協力を実現する有効な社会の仕組みを新たに創造することであり、これによって資本主義を超越することである。中国共産党は一貫してこのように認識してきた。

中国共産党が「ソ連式社会主義への道」を超越している点には以下の二つが含まれる。

1、公有制に頼るのみでは社会主義の問題は解決不可能。

毛沢東の考えによると社会主義建設にとって重要なのは人であって、物質的問題や生産手段（原料・道具・機械・建物など）の問題だけではない。

生産手段の公有制はただ「人と物」の関係に関する問題について解決するのみで、「人と人」の関係に関する問題については解決していない。

生産手段の公有制によっては人と人との間の階級関係、ひいては従属関係は決して無くならず、逆に場合によっては新たな環境の下、一層ひどくなることさえありうる。つまりエリートは大衆と距離を置き、官僚主義はさらに増長していくことだろう。こうした意味において生産手段の公有制を実行することは、決して社会主義建設の十分条件とはならない。なぜならばこのような国家はレーニンが言うところの「資本家のいない資産階級国家」にすぎないのだから。

毛主席は次のように語っている。

「『資本家のいない資産階級国家を建設することは〝ブルジョア的権利〟を守ることだ』とレーニンは言った。われわれがこのような国家を建設したならば、以前の社会となんら変わりはない。それは階級の設定、「八級賃金制（労働者の賃金を能力や責任の程度に応じて一級から八級に分けた賃金制度）」、労働に応じた分配、貨幣交換である」[注13]

『中国共産党歴史』の中では「階級制度に歯止めをかけ法的権利といった思想を打ち捨てることにより、貧富の差により生じる社会の二極化を回避する。これは彼（毛沢東――引用者注）が長年解決に力を注いできた重要な課題である。……毛沢東の理論に関する談話は、社会主義に対する彼の、より一歩進んだ考え方を反映している。しかしながら毛沢東はマルクスの〝ブルジョア的権利〟に関する論述を明らかに誤解もしくは教条化していた」[注14]と述べられている。

注13　『人民日報』、一九七六年五月一六日参照。
注14　中共中央党史研究室：『中国共産党歴史』第二巻下巻、九一五頁、北京、中共党史出版社、二〇一一年。

またそれから何年も後にデーヴィッドM．コッズ教授は次のように指摘している。

「公有制が実行されて後、ソ連は資本家に代わって〝エリート〟が統治する体制に変わってしまった。この体制はエリート意識に満ち、人民大衆の声が届かないものであった。あるいはヘーゲルの言葉を借りればこのような体制では〝ほんの一つまみの人間だけが自由〟であって、ほとんどの人間が声を殺している。そこにはエリート精神や帮会（民間秘密結社の総称）精神が見られるのみで〝世界精神、絶対精神〟といったものは存在しない。このためエリート連がソ連の本質を変えようとし、〝エリート倶楽部〟をブルジョア倶楽部にしようとしたとき、圧倒的多数の党員および民衆は、エリート連が生産手段の公有制を変えようとするのを阻止するいかなる力も持ち合わせていなかった」[注15]

歴史が証明しているように、生産手段の公有制や「物の独立性」に頼るだけでは、厖大な労働者の利益を保証することはできない。むしろ重要なのは社会主義社会における民衆の権限である。中国共産党の「大衆路線」は大衆の創造力をエキスパート意識やエリート意識の上に置くことで中国の社会主義を守った。社会主義の中国においてエリート連が「市民社会」という娯楽的な集会によって人民と距離をとろうとするたびに、共産党は警戒心を緩めずにエリート連と距離を保ってきた。まさにこのことにより中国は、社会主義建設の重大な意思決定の際、過ちを犯さずにすんだ。社会主義の革命、建設といった時期において大衆路線は党の生命線であった。

2、社会主義による経済と管理の民主化。計画管理とも、国家官僚により管理される経済とも異なる社会主義。

一九五〇年代、いわゆる「現代企業制度」構築期における核心は単一的な私的所有制度を打破したことであり、企業の所有者、管理者、労働者による連合型所有制を実行したことである。ここで重要な点は企業の従業員・労働者の地位を向上させることであった。

毛沢東は「両参一改三結合[訳注3]」といった企業運営モデルを打ち出した。「鞍山鋼鉄公司」の改革は現代企業制度の改革における貴重な遺産でもあり、また会社運営モデルにおけるイノベーションでもあった。このように毛沢東は社会主義経済の体制改革において偉大な先駆者であった。毛沢東はゴムウカやチトーなど「第一社会主義改革」の主要な支持者であり、そして毛沢東の、労働者の権利と福利を第一とする発展に対する考え方は開発経済学や厚生経済学に深い影響を与えた。毛沢東は「現代企業制度」を理解していないとか、「労働者の参画による管理」はアナーキズムを助長し企業の効率を悪化させるものであるといった意見は、社会主義の原則に合致しないばかりか現代企業制度の発展に逆行するものである。

毛沢東は中央と地方が「二本の足で歩く（同時に二つの異なる方法で対処する）」ことを熱心に主張し、国有大企業以外にも各部、各委員会、各地方政府、ひいては末端の人民公社（大躍進のときに全国の農村につくられた政治的共同体）など皆、各種所有制の企業を運営すべきであるとした。毛沢東の改革論はソ連の膠着した中央計画型体制を打破し、また新中国において中央と地方が互いに補い合う経済――産業構造を構築した。このようにして毛沢東の死後に始まる社会主義市場経済改革のため、基礎となる前提と環境が整えられていった。[注16]

毛沢東の『十大関係論』は中国における民族間の矛盾、階級間の矛盾、中央と地方の矛盾を解決し、地域の発展におけるアンバランスや不調和を克服し、また環境が極めて複雑な大国に社会主義を打ち立てるための理論的基礎を固

注15　デーヴィッドM．コッズ、フレッド・ウィア：『上からの革命――ソ連体制の終焉』、三〇頁、北京、中国人民大学出版社、二〇〇二年。

訳注３　企業において幹部が肉体労働に、労働者が管理事務に参加し、不合理な規定・制度を改め、幹部・技術者・労働者が互いに協力する。出典：『中国語辞典』白水社

注16　毛沢東はしばしば次のように指摘している「わが国はこのように広大で、人口はこのように厖大であり、国情はこのように複雑である。中央と地方といった二つの積極性が存在することは、たった一つの積極性しかないことに比べるといかに素晴らしいことか」。　毛沢東：『十大関係論』一九五六年四月二五日、『毛沢東文集』、第七巻、三一頁、北京、人民出版社、一九九九年参照。

めた。

「社会主義市場経済」により資本主義のグローバル化を打破し超越する

中国共産党の考えでは、社会主義が反対すべきは資本主義や資本家であって資本そのものではない。それどころか社会主義が目標としているのは、資本が生産や交換の継続的拡大に用いられ、人民によって利用されるようになることである。つまり社会主義とはあらゆる手段を講じて資本家階級による資本の独占を打破することである。

毛沢東は早くから次のように指摘している。中国は広大な国土と、他国と比較にならないほどの勤勉な世界最多の人口を擁している。この中国が「一窮二白（経済的貧窮や文化・技術面での立ち遅れ）」の状態にあるのも、まさにこの二つの前代未聞の財産が今まで目的をもって管理されたこともなければ、中国の発展や人民の幸福に奉仕するような「資本」へと変えられたこともなく、それどころか欧米の帝国主義的資本や買弁資本によって利用され、支配されてきたことによる。しかし新中国は、本来自国のものである巨大な財産を管理し、運用し、十分に活かすために体制を打ち立てた。そして中国共産党は、資本が無い状況下でも資本を創造することができ、また人民が資本を所有し、人民が資本を利用することを可能にする。

資本主義的市場の弊害は決して「生産と交換のアナーキズム」ではなく、資本家によるコントロールと独占であると中国共産党は考える。そしてまた社会主義は市場の廃止や国家主導の生産・消費コントロールを指しているのではなく、一つのメカニズムを構築するものである。そのメカニズムとは、労働者の福利と消費を拡大すると同時に生産と市場の拡張を絶え間なく刺激し、資本家階級による資本の独占を打破し続けるものである。中国共産党は既存の社会主義経済論に対する超越として主に以下の三つを挙げる。

1、国有資本の増強戦略

延安（陝西省北部にある革命の聖地。一九三七年～四七年まで中国共産党中央委員会の所在地）時代に、中国共産党は早くも資本や信用（貨幣）を発行することで辺区（第二次国共合作期における中国共産党の指導する農村の根拠地）の経済成長を促進させていた。これは、

一、「戸を閉じて皇帝になる（家の中では王様気取り）」といった独立的な流通貨幣の発行。

二、対外貿易はバーター取引（物々交換）によって行い、これによって偽造貨幣や法幣（一九三五年以後に国民党政府の発行した紙幣）の蓄積を回避する。

三、徴税と紙幣の発行。

というように慎重な貨幣政策を実行するものであった。

陝西・甘粛・寧夏辺区における財政上の経験は世界の金融史において独創的なものであった。この経験のおかげで、当時金融システムを把握できず、また新機軸を打ち出すこともできなかったため失敗したパリコミューン（一八七一年三月一八日から五月二七日までパリに樹立された世界初の革命的労働者政権）の轍を踏まずにすんだ。

新中国が誕生して間もなく、蔣介石は一切の金を台湾に運び去ってしまった。こうすることで中国共産党は金の力を頼りにできず、信用（貨幣）も発行できなくなり、資本が無くなることによって市場を回復する手立てを失うと考えたからであった。しかし最大の資本と信用は金でもなければ米ドルでもなく、人民の支持と信用である。「一窮二白」の状態にあった中国にとって人民の信任そのものが最大の資本であり、最大の信用であった。こうした信用と資本のおかげで人民政権は市場を創設し、市場に命を与え、信用を発行することができた。

六〇年後に、世界的金融危機のプレッシャー、そして大規模なレイオフによる失業といった難局に直面したとき、

中国で最も歴史の浅い直轄市である重慶は「八大国有投資集団（八つの国有投資グループ）」という方法により「市場の出資者」の責任を担い、重慶の経済を一挙に盛り上げ、ピンチをチャンスに変える新たな道へと真っ先に歩みだした。[注17]

国有資本を増強し、国有企業を強大にすることは、社会主義経済論に対する中国共産党の偉大なイノベーションである。

今日、資本を必ず「個人」、「私的」と関連付けて考えるような人たちは、個人の財産と「現代法人」の根本的な違いについてはっきりと分けて考えたことがない。このような人たちは現代企業制度の設立が、これまでの私的財産所有権の延長線上にあるものでも、論理的に展開されたものでもないということを全く理解していない。「法人」という概念の本質は「資源と利益」あるいは「独立の権利と義務」にある。これらを一個人に対して、あるいは特定のグループ内で分配することは不可能だ。なぜならば「法人」は社会共同体から生まれ、社会共同体に影響を与えるものであり、それゆえに社会共同体に還元されるべきものだからだ。

「法人」は法律の主体であり、また社会の主体が擬人化されたものであって、「個人」でもなければましてや単純な「物」でもない。

国有企業は一般に政府によって創立され、創立にあたっては財政資金や国の融資を利用するが、中国の国有資本は帝国主義から資本を奪い返したものであり、「民族ブルジョアジー（外国資本に過度に依存せず富を蓄積した資本家。地主、商人、小官僚などからなる）」の改造からなる。そのため「資本の起源について明らかにする」ことは何の意味も持たない。ただ一つはっきりさせなければならないのは、こうした「法人」は社会や、国家の経済と人民の生活、公共財政に対してより多くの義務を負っているということだ。

社会主義市場経済の条件下にある国有企業の位置づけについて、中国共産党第十三回全国代表大会では以下のようにその概要が報告されている。第一に市場は国家と企業の架け橋であって、つまり「国家が市場を調節し、市場が企業を先導する」のであって、行政指導に依存するものではない。第二に所有者・管理者・生産者といった三者間の利益の一致は、国有企業の根本的優越性が示されたものである。国有企業は「経営者の管理に関する権威と従業員の主人公的地位を一致させ、経営者と生産者が互いを頼みとし密に協力し合う新しい関係を構築」すべきである。資本主義的な生産関係（生産活動における人間同士の社会的関係）がもたらす弊害を排除するという点において、国有企業は根本的に優位である。

新中国の前半三〇年を「計画経済」と呼び、後半三〇年を「市場経済」と呼ぶ、このような呼び方は一面的、機械的であって適切ではない。実際、前半の三〇年が無いままに「一窮二白」の状態にあった中国に市場や産業といった仕組み作りを始め、また前半の三〇年が無いままに市場の存在しない場所に市場を開拓・創設したとしても、そして理想的な労働者や消費者を大量に育成したとしても、いわゆる市場経済は成功していなかっただろう。中国共産党が今日、内需の刺激や労働者の所得増大を強調するとき、これは同様に社会主義のやり方を運用しつつ市場を創造し拡大することを意味している。

社会主義は「計画経済」と異なるが、同時に「市場経済」とも異なる。社会主義は市場を経済の危機から救い出す

注17　いわゆる「八大投」とは以下を指す。重慶市高速公路発展有限公司、重慶市高等級公路建設投資有限公司、重慶市城市建設投資有限公司、重慶市建設投資公司、重慶市水利投資有限公司、重慶開発投資有限公司、重慶市水務集団、重慶市地産集団。崔之元教授は「テネシー川流域開発公社法」が可決されたときのルーズベルト元米大統領の講話を引用し、「〝八大国有投資集団〟は〝政府の衣服を身にまとってはいるが民営企業の柔軟性や新しい発想力を有している〟」と評している：崔之元――『米国テネシー川流域開発公社と重慶〝八大投〟』、『重慶時報』掲載、二〇一一年四月一七日。

唯一の手段である。社会主義は市場の存在しない場所に市場を創設し、労働者の所得を継続的に引き上げることで生産と消費を拡大し続ける。また社会主義は無資本の条件下でも資本を創造し、何もない状態から国を建てなおすことができる。

社会主義のことを計画経済、あるいは国家の統制下にある経済とみなし、資本主義イコール市場、市場経済イコール「アナーキー」と理解することは、マルクス本人に対する侮辱である。しかもこうした「マルクス主義者」にとっては、マルクス本人でさえマルクス主義者ではなくなる。

このことに対しては江沢民が中国共産党第十四回全国代表大会の報告の中で総括しているとおり、計画経済も市場経済も皆経済発展の手段であって、計画的であるかそれとも市場的であるかは社会主義と資本主義を区別する本質的な判断材料とならない。このような透徹した考えは、計画経済や市場経済を基本的社会制度と見なす思想の呪縛から私たちを完全に解き放ち、計画と市場の関係についての認識に、新たな突破口を開いた。

2、社会資本の動員、人的資本の発展

「一窮二白」の状態、そして「帝修反（帝国主義、修正主義、反動派）」といった八方塞がりは今までにない劣悪な環境、条件であり、新中国および中国共産党は否応なしに「自力更生」、「二本の足で歩く」という創造性に満ちた実践の道を歩みだすこととなった。新中国前半三〇年の自力更生、刻苦奮闘、こうした現実があったからこそ、中国では科学技術者と厖大な人民大衆が密接に結合し、中国共産党は一貫して大衆路線を堅持することができた。また繰り返される実践の中で共産党は、経済と社会が直面する未曾有の困難を解決、克服し、産業の基礎を整備し合理的に配置することができ、それと同時に階級間・地域間・都市と農村の間にある格差を減らし、中国社会建設の道を切り開いてきた。

中国共産党はこのような悪条件の中から、現代経済だけでなく新社会、新国家、新型都市、新型農村を創りあげた。

中国で革命が勝利を収めたその当時、中国には本当の意味での都市というものが存在しなかった。都市と言われているものは、ただ貧民窟に囲まれた中に豪邸や娯楽場がいくつかあるにすぎなかった。中国の昔の都市のイメージは「龍須溝（北京市にあった旧移民居住区。昔は蓄積したゴミや異臭を放つ下水溝など大変非衛生的だった）」あるいは「龍須溝化した北京」であった。「龍須溝」では、ドブの両側にびっちりと立ち並んだ小屋に住みついた、労苦に喘ぐ肉体労働者や手工業者などが、一日中、いや一生吐き気を催す臭気の中でもがき続け、病気、伝染病に侵され、ごろつきやチンピラにいびられ、いやというほど辛酸を味わい尽くす。圧制的な統治者はこのような状況に手を下そうとせず、それどころか徴税の手を休めずに追い撃ちをかけ、彼らの血と汗を搾り取った[注18]。

「龍須溝化した北京」はまさに中国の昔の都市そのものであり、それはまた底辺の労働者が抑圧され虐げられているといった政治の現実そのものであり、階級間の関係あるいは階級による抑圧の縮図でもあった。

一九五〇年に彭真《ほうしん》北京市長は「共産党は龍須溝の整備から旧北京の社会関係改造に着手し、社会主義的な新しい北京を創造するべきだ」と指摘している。また「国家のために公務に従事する者は人民の公僕であり、市長、各局長、各区長は皆人民の公僕であって、われらの事務所に人民を招き、そして彼らが親しみを感じられるようにしなければならない。〝人民の公僕〟この五文字はわれわれが規準に合格しているかどうかの試金石である」と語っている。

新しい社会、新しい北京を創造するという偉業、そして古い社会関係の徹底的な改造、これらは人民作家の老舎を非常に感化し、彼の心を揺さぶって次のように言わしめた。

「私の政治思想の程度は高が知れている、と言うべきであろう。しかし目を見張って観察すれば新社会建設の一切が否応無しに目に飛び込み、深く感動させられる。目で見たことは確かであり、事実は雄弁に勝る。誰かが私を説き

注18　瞿宛林：「新中国観察視点――龍須溝地域整備と新中国のイメージに関する考察」より引用、『当代中国史研究』掲載、二〇〇七［二］。

伏せるまでもなく、私はこの新社会を愛さずにはいられない。新社会の人民は自由で毎日は快適だ。新社会の街並みは清潔で整然としている。新社会建設はめまぐるしく、街は日々新たにされている。これは私がこの目で見たことであって、新しい人新しい出来事にわくわくさせられる。私の目や心が奪われない限り『この新社会は本当に素晴らしい。昔の何百倍も素晴らしい！』と言わずにはいられない。私の政治に対するこの熱い思いは本物だ。なぜなら私は自分も他人も騙すことのできない人間なのだから。それならば書くことにしよう！　私たちの新社会について褒め歌い、人民の新北京について語ろうではないか！」[注19]

また一九四九年上海が解放されたばかりの頃、上海全市には三二二の貧民区が存在し、一一五万の人間がひしめき合って暮らしていた。その他にも「旱船（貧民が陸地に家を建てられず、水辺に浮かべて家として暮らした廃船）」、わらぶき小屋、水上楼閣などがたくさん存在した。新上海を建設するため人民政府（中国の各級行政機関の通称）は土地国有化政策を利用し、極めて厳しい財政困難の状況下にあって人民の力を総動員し、一九五一年八月貧民区の改造を正式に開始した。対象土地面積は二五五畝《ムー》（地積単位。中国の1ムー＝約六六六・七平方メートル）、九月には正式に「上海工人新村」の建設に着工し、翌年五月には第一期工事が完了し四八棟の建屋を完成させた。建築面積は三万二三六六平方メートルあり、曹楊路に近かったことから「曹楊新村」と名付けられた。第一期工事の住宅は「曹楊一村」と呼ばれ、また一〇〇二世帯を収容できたため「一〇〇二戸プロジェクト」とも呼ばれた。ここは小説『上海の夜明け』に登場する「曹楊新村」のモデルとなった。[注20]

いわゆる「全国人民大団結」の和諧社会（調和の取れた社会という意味。胡錦涛政権の重要スローガン）、そして「人民の主体性」は実にこのようにして構築されていった。

3、国際資本を利用し、国際金融リスクに対処する

三〇年にわたる苦闘の末中国はついに国際情勢の重大な変化を迎えた。それは一九七〇年代のいわゆる「国際情勢の大好転」である。

一九七一年、アメリカはベトナム、中東に兵力を総動員し戦争をしかけた結果徹底的に敗北し、またブレトンウッズ体制は崩壊し、第二次世界大戦後最も深刻な経済恐慌がアメリカや資本主義圏を襲った。こうした情勢にあってアメリカ当局は自国の資本が国外あるいは全世界に流出することをもはや食い止めることができず、たとえそれが自国の利益のためであったとしてもアメリカは、太平洋のはるかかなたより中国に向かって平和の手を差し出すほかなかった。

外国資本や海外の先進技術を利用、導入できる時代。そのような時代がついに新中国に訪れた。

実際、工業化の過程において資源・資本・技術を完全に自国にのみ頼る国など世界中どこにも存在しない。中国共産党が反対しているのは資源・資本・技術を資本家が独占することであって、決してそれらの利用そのものを反対しているのではない。中国は状況の許す限り機会を捉え、速やかに国家の門を世界に向けて開き、先進技術や先進的な管理ノウハウを導入し、大量の廉価な資本を活用する。

鄧小平を代表とする中国共産党は歴史的なチャンスをしっかりと掴み改革開放に着手した。この改革開放の成功は、「われわれが反対しているのは資本家による資本の独占と資本主義である。資本そのものや人民が資本を用いることに反対しているわけでは決してない」という中国共産党の信念を改めて証した。

注19　老舎「生活、学習、仕事」、『福星集』、二五一頁、北京、北京出版社、一九五八年参照。

注20　陳映芳「社会主義の実践としての都市再生：貧民区の改造」、『近代都市再生と社会空間の変遷』、上海、上海古籍出版社、二〇〇七年参照。

また鄧小平は次のような鋭い指摘をしている。「改革開放は〝戦旗は畳んでも銃は引き渡さず〟でも〝戦旗を畳み銃をも引き渡す〟でもない。改革開放とはまさに四つの基本原則（社会主義の道、人民民主主義、中国共産党の指導、マルクス・レーニン主義と毛沢東思想）を堅持することである。改革開放は中国の発展のため、社会主義の発展のためのものであり、社会主義の発展から離れるならばわれわれは誤った道に迷い込んでしまうであろう」

もしも改革開放が実施されなかったなら、中国における今日の勃興も発展もありえなかった。

一九九七年の「金融改革の強化・金融秩序の粛正・金融リスクの回避に関する中国共産党中央委員会および国務院の告示」は、改革開放以降の金融事業の経験と教訓を掘り下げて総括し、先行きを読んで金融改革を強化し、金融リスクの回避に関する戦略的対策を打ち出した。今日改めてこの告示を読み返して見ると、中国は世界で初めて世界金融危機の勃発を予見し、そのメカニズムを見通した国であることが分かる。該告示は以下のように指摘している。

一、非金融企業が金融業務を執り行うといった趨勢は断固として根絶すべきである。

二、金融事業に対する党の指導を強化することにより、金融の監督・管理を徹底すべきである。

三、経常勘定と資本勘定を厳密に区分し、資本勘定の下にある外貨の流入と流出を厳しく管理すべきである。

今日、アメリカなどの欧米諸国が前代未聞の金融危機に陥ったのは、前述の三条を見出すことができなかったからであり、金融危機の勃発を根絶する力が無かったためである。

今日の中国は米ドル外貨準備高において世界一となり、もはや資本の乏しい国ではなくなった。むしろ今日の中国にとって重大な課題は、いかにして鄧小平の訓戒をしっかりと胸に刻みつけ、中国人民が血と汗を流した労働によって得た財産と資本を中国発展のために、そして人民の幸福のために使われるようにするかということである。目下解決すべき切迫した課題は、いかにして国際金融システムを改革し中国の貴重な資源と資本が資本家のロジックによって先進国の市場に流出するのを食い止め、また中国西部地区や末端層そして人民の生活を改善するための資金欠如といった苦境を乗り越えるか、ということである。しかし資本家のロジックに倣って中国の金融システムや資源システムを改革するということは決してあってはならない。もしもそのような道に進み、そのようなロジックに従うならば、中国の資本や資源が他の人間によって使われることはあっても、その逆はありえない。[注21]

改革開放の当初、輸出主導型発展戦略の初めてのモデルであり、企業誘致や資金導入の主な対象であったのが「アジア四小龍（香港、シンガポール、韓国、台湾）」であった。しかし一九九一年以降、中国の発展戦略は実のところ資源配置において顕著な矛盾が生じていた。その一つが輸出によって得た大量の米ドルで購入した収益の低いアメリカ国債、もう一つがさらなる大量の導入外国資本である。こうした非合理的な資源配置により中国の発展は、対外貿易を重んじ内需を軽んじる、沿海地区を重んじ内陸部を軽んじる、また外資導入を重視し厖大な人民の暮らしや所得の改善を軽視する、といった傾向に陥った。このことは経済成長に関わる問題を引き起こすだけでなく、社会問題や地域間の不調和といった問題をも生み出すこととなった。

現在直面している世界恐慌により中国は、輸出を目的とした加工会社を沿海地区に再度設立することになったが、その一方で深い反省と教訓の機会を得ることができた。世界恐慌によって中国は、古い発展の方法に満足し努力し

注21　陳雲は早くも一九八〇年に『経済情勢と経験・教訓』の中で以下のように警告している。「海外の資本家もまた資本家であるということを私たちはしっかりと認識していなければならない。彼らが売買によって得る利潤が、世界市場の平均利潤率より下回ることは決してありえない。平均利潤率を下回るビジネスをしたがる資本家など世界中どこにもいないからだ。もしも平均利潤率より下回るようならば、資金を銀行に預けて利息を得ようとするであろうし、危険を冒してまで投資などしないだろう」「『海外の資本家を歓迎すると同時に警戒も必要だ』と私が繰り返し語るのは、このことに対する一部の幹部の考え方が幼いからである」「私がこのような問題を持ち出すのは、決して外国資本を利用するなという意味ではない。ただまだはっきりと認識していない一部の幹部に対し警鐘を鳴らしているだけなのだ」

ようとしないことの代価について改めて考え直すこととなり、また一方では輸出によって得られた米ドルをアメリカに返し、もう一方では再び外国資本を取り込むといったいびつな発展モデルについて再認識することができた。二兆五〇〇〇億米ドルといった外資準備高を有する中国にとって、なぜこれ以上アメリカ、日本、韓国ひいてはインドネシアといった国々から大量の資金を導入する必要があったのだろうか。これは中国の消費市場が国外にあり、中国の投資力もまた国外にあったためである。こうした全ては中国の金融改革が一面的、一方的な傾向に走ったためであり、また金融改革によって資本や資金の主権を部分的に放棄し、資本家のロジックに踊らされて自国の貴重な資源や資本を国外の資本市場に流出させ、海外の資本家が利用することを許してしまったためである。

以上の理由により、中国が発展するためには「企業誘致と資金導入」が必要であった。中国の金融機関は投下資本利益率（ＲＯＩＣ）に照らして資本を国外に投入していたので、中国の存続と建設のためには、本来自国のものであった金銭を再び「招き」、「呼び」戻さなくてはならなかった。これは海外の資本家にとって、元手が無くとも楽々と中国の金銭を巻き上げ、中国の資本を利用し、一円たりとも支払わずに中国の貴重な資源を利用できる旨い話となった。

このことは、中国経済の成長の一部が人民元によるものではなく米ドルに頼った成長であったこと、またこうした一部の実体経済が支えていたのは米ドル経済であって、人民元経済ではなかったことを明らかにした。沿海地区の経済を香港・台湾・日本・韓国等の地域とリンクさせることは、はっきり言ってしまえば沿海地区経済を米ドル経済圏とリンクさせることである。なぜならば前述したこれらの地域は皆米ドル経済圏に属しており、アメリカ経済の属国だからである。言うならばこうした国々は冷戦時代の戦略のためアメリカに繋がれているようなものである。現在、中国の経済には人民元経済と米ドル経済の二つが存在しているため、マクロ経済政策は矛盾とジレンマの境地に陥っている。つまり一方では中国経済の健全な成長を維持せねばならず、また一方では手中の米ドル外資準備高のゆえに、米ドル経済が崩壊しないよう守らざるを得ない。

それでも現在の中米両国間の経済問題にはいくつかの共通点が存在する。それは例えばアメリカが考えているように（少なくとも言葉の上では）、アメリカがこのように中国製品を大規模に輸入することはアメリカ経済にとってよくないことであり、またこのように大規模に中国製品をアメリカに送り込み、アメリカ人にいたずらに消費、浪費させることが中国にとっても割に合わないのは明白である。ただ二国間の違いといえばこの問題をどのような方法で解決すべきかといった点のみであり、しかもこれこそが問題の核心である。

これに対しアメリカが提示している解決方法はすでに周知ではあるが、人民元の為替レートを増価することで中国の輸出に歯止めをかける、といったものである。これは聞こえは良いが実のところアメリカが自国の製造業を守りたいだけである。アメリカのこうした行為の真の目的として少なくとも以下の三つが挙げられる。

一、中国の輸出を抑制すること。

二、大幅な米ドルの下落によりアメリカの債務を清算し、同時に中国が所有する米ドル資産の価値を無くし、改革開放以来中国が血と汗を流して貯めてきた米ドルの価値を大きく減少させること。

三、人民元の右肩上がりに対する期待感から大量のホットマネーが中国の資産買入れに流入し、人民元の為替レートが上昇した後、今度は投げ売ってその利ざやを稼ぎ、同時に中国の優良資産や外資準備高を空にし、中国に金融危機を引き起こし、中国の経済成長を根本から抑制すること。

これは大変険であり、もちろん中国にとって受け入れられる話ではない。

これに対する中国の対策案は経済を内需へと転向することであり、そのためには国内消費を促す必要がある。今中国が直面している根本的な問題を一言で言い表すならば、末端の民衆の懐に金銭がいくらもないことであり、あるいは高齢者介護、医療、教育、居住といった重荷を抱えているため、多少金銭があったとしても民衆はそれを使う気になれないということである。消費するための金銭を一般大衆が所有していないといった問題を解決するには、内需を徹底的に拡大し、就職の機会を増やし、労働者の賃金や収入を引き上げ、教育・医療・居住といった暮らしに直結する方面への資金投入を強化することが大切である。つまり一言で言うならば、科学的発展観の徹底にしか解決の道が無いということである。

中国人民十三億の衣食問題が解決すると、中国の発展を取り巻く国内外の環境は大きく変化した。市場が国外に存在する一次加工生産方式や、沿海地区に特化した段階的発展戦略は持続不可能となり、発展戦略の大々的な調整、発展方式の大転換が必要となった。

歴史を左右する重要な時期に、胡錦涛を代表とする中国共産党は「人民に幸福を」という輝かしい旗印を掲げ、科学的発展観を打ち出した。

科学的発展観は「何が発展であり、いかにして発展させるか」「いかにして中国を発展させ、中国を建設したら良いのか」また「何が社会主義であって、中国の社会主義をいかにして打ち立てるべきか」といった問題に答えを出した。科学的発展観はマルクス・レーニン主義や毛沢東思想、鄧小平の理論そして「三つの代表（江沢民が提起した中国共産党の指導思想。中国共産党が代表すべきものとして以下を挙げた。 1、先進的生産力の発展要求 2、先進的文化の前進方向 3、広範な人民の基本的利益）」といった重要な思想の精髄を具現化した。科学的発展観は「人民のための発展、人民に依拠する発展、その成果を人民で分かち合う発展」という輝かしい論断を鮮明に打ち出し、そして極めて重要かつ緊迫した時期に中国の改革と発展のため光り輝く方向性を指し示した。

東洋の一国が世界最大の製造業国となり、また世界最大の消費市場となることなどマルクスには全く想像すらできなかったであろう。しかしこれこそ現代中国が転換型発展の目標としていることである。

かつて毛沢東は共産党員を戒めるため以下の内容を繰り返し語った。

「共産党員たるものは、いついかなるときでも真理を堅持する心構えをしておかなければならない。なぜならばあらゆる真理は人民の利益と合致するからである。共産党員たるものは、いついかなるときでも過ちを正す心構えをしておかなければならない。なぜならばいかなる過ちも人民の利益と合致しないからである。二四年の経験がわれわれに教えていることは、正しい任務、政策、仕事に対する態度は皆、その時そこにいる民衆の求めと合致したものであり、民衆と繋がったものであるということだ。また間違った任務、政策、仕事に対する態度は皆、その時そこにいる民衆の求めと合致せず、民衆からかけ離れたものである」注22

科学的発展観が打ち出されたことは、中国が「小康社会（いくらかゆとりのある社会）」を全面的に建設し、また世界で最も発展した資本主義国家に追いつき追い越すといった新時代の幕開けを象徴している。また科学的発展観が打ち出されたことにより「中国は創造性豊かな実践の中においてこそ、そしてマルクス主義のさまざまな思想を超越してこそはじめて、マルクス主義を本当の意味で学習し、発見し、理解することが出来る」ということが明らかになった。

「哲学者達はただださまざまな方法で世界を解き明かそうと試みるが、問題は世界を変えることである」。中国が科学的発展という道を進むとき、世界は変わるだろう。

三　欧米式発展の道の超越

注22　毛沢東：「連合政府論」一九四五年四月二四日、『毛沢東選集』、二版、第三巻、一〇九五頁、北京、人民出版社、一九九一年参照。

時代の特色および世界発展の全体的な趨勢を正確に認識、把握し、わが国の実情および人民の願いに合致した目標と任務を科学的に制定、実施してこそ、わが党は発展する時代の先頭に立ち続け、また中国社会の発展と進歩の潮流に乗り続けることができる。

マルクス主義政党が先進的であるか否かを判断するためには、具体的かつ歴史的な実践に照らして考察されるべきである。つまり歴史を前進させる実際の働きがあるかどうか見極めなければならない。

――胡錦涛

中国の道と世界史の問題

世界的視野は、共産党が時局を探って判断を下し戦略を練る上で欠かせないものであり、また人類の歴史を冷静に分析することは、私たち中国がどこから来てどこに行こうとしているのかを知り、ひいては政治を間違った道から守ることである。

党の執政能力や政治力に関してマルクス主義思想書の作家ゲオルク・ルカーチ（またはルカーチ・ジェルジ）はかつて「マルクス主義における弁証法の核心とは、歴史の流れを総体的に把握する能力である」[注23]と述べている。マルクスも「世界には唯一つの科学がある。それは歴史科学である」と指摘したことがあった。

歴史を総体的に把握して戦略を決定することは、中国共産党の伝統である。

毛沢東はかつてこのように指摘している。「事物を観察し、世界を観察し、何よりもまず〝条件性〟に留意すべきである」「すなわち矛盾というものは一定条件の下で一つにまとまりだし、また互いに転化し合うことが可能となる。このような一定条件が整わなければ矛盾にならず、共存することも、また転化することもありえない」[注24]

また毛沢東によれば「中国は厖大な人口を擁し豊富な資源を有している。しかし長期にわたる貧困や立ち遅れの原因は、まさにこれら厖大な人口と資源にある。これらは中国発展の〝必要条件〟にすぎず、〝十分条件〟ではない。人民大衆を組織し、人民の積極性や創造性を十分に動員し、先進的手段により資源を開発し、また他国の帝国主義による搾取から脱却する。こうしたことがあってこそはじめて中国の発展は可能性を見出せる。それゆえ中国共産党の、情勢を判断し転換させる実行力こそが中国発展の〝十分条件〟なのだ」。

中国は十八世紀の「康乾盛世《こうけんせいせい》（中国清朝前期の統治下に栄えた最後の封建社会の時代）」には早くも発展の栄光を手にしていた。この栄光は世界中に、特に欧米の「啓蒙思想家」に賞賛と羨望の念を抱かせた。しかしながら当時の中国の統治層は「康乾盛世」の中で世界情勢に対する判断力や情勢を転換させる力を失っていたため、発展の条件や情勢が変化したとき、厖大な人口や資源といった発展をもたらす有利な要素は、むしろ発展を抑止する不利な要素へと変わってしまった。

中国は最も早く「近代」に突入し、史上最も長い「近代」を経験してきたが、「現代」への質的変化は一向に現れなかった。これこそ歴史学者がどんなに考えても答えを見出せない「昔からの謎」であった。

どの民族にとっても発展のためには人口、資源、土地という「必要条件」が当然ながら必要であるし、発展のためのチャンスや「幸運」という歴史からの贈り物もまた必要であることは歴史の証明するところである。しかしながら中国のような大国は、こうした「必要条件」や歴史の与える贈り物にのみ頼っていたのでは発展は実現しない。中国の発展には指導者の冷静な情勢判断力、逆境を好転させる情勢転換力が必要であり、また指導者層には力強い実行力

注23　『ルカーチ文選』、二四三頁、北京、人民出版社、二〇〇八年。
注24　毛沢東：「矛盾論」一九三七年八月、『毛沢東選集』、二版、第一巻、三三三頁、北京、人民出版社、一九九一年参照。

が求められる。そしてこれこそが中国発展の十分条件である。この十分条件が無ければ中国の運命は変わらず、中国の発展もまた不可能であった。このことは中国のみならず世界にとっても同様である。

およそ二百年前、ヘーゲルは世界の基本元素を空気・水・火に区分けした。ヘーゲルによれば「中国の文明は空気と同じで静止、不動であり、透明で深さが無い。一方アラブの文明は水と同じで、混じり気がなく落ち着かず絶えず流れている。そして西洋の文明は火である。この火は対立と統一の中で絶えず自身を超越し、常に完全無欠である」。

このような区分けがヘーゲルの「歴史哲学」の基礎を構築した。しかしながら百年の世界大変革、百年の「中国の道」によってこうしたヘーゲルの歴史哲学は一笑に付されることになる。中国の勃興、中国の道は「凝固していたものを霧散させた」のだ。

胡錦涛主席は二〇〇四年に次のように指摘している。「目を大きく見開いて世界を観察し、国際情勢に対する科学的判断力および戦略的思考力のレベルを引き上げ……、時世を見通し情勢に応じて有利に導き、国内外の両方に対処し、利益を追求し損害を回避しなくてはならない。国際情勢や国際環境の変化を読み、発展の方向性を把握する力を身につけ、発展の機会を逃さず、発展に有利な条件を創造し、発展の全局を見極めなくてはならない[注25]」

六十数年前、毛沢東は早くも全党員に向けて「マルクス主義を起点とし中国の歴史、特に中国の近現代史を研究し、世界情勢に対して新たな科学的判断を行う」ように、また「全党員がマルクス主義の啓蒙運動を実施する」ように呼びかけていた。

今日、一部の人間が「普遍的価値」に傾倒し、それを吹聴している。これは弁証法的唯物論による歴史的視野が欠如あるいは喪失しているからである。「全ての人類の発展史や発展方式は皆、欧米の資本主義によってすでに完成されている」、あるいは「人類の発展史や発展方式は皆、十八世紀のヨーロッパの産業革命の時にはすでにその基礎が固められ、それから先はいかなる進化や変化も見られず、ましてやそれを超えるものなどありえない」と考える者さえいる。

まさにこうした機械的で形而上学的考え方による統治の下では、相当数の人間が自分たちの文明や伝統、発展の道を自覚することができず、中国社会主義の道に対して自信を持つことなどなおさら不可能である。中国がどれほど偉大な成果を収めようと、またいかに世界中に注目されるような発展の道を開拓したとしても、彼らは目先の事しか見えず、耳があっても聞こえないようなものである。それどころか「他の人間は皆酩酊していても自分ひとりは覚醒している」といった態度をとっている。いわゆる「普遍的」な立場から見下ろし、中国社会主義の道のことをあれこれ好き勝手に論じ無責任に非難しているのだ。彼らは時代が固定的なものとでも思っているのか古い考え方に固執し、昔の発展の道、発展方式にしがみつき、過去の利益集団の利益的な立場を守ろうとしている。それでいてそのことに自分自身気付いていない。このような考えに陥らないためにマルクス主義と科学的発展観を起点として中国の歴史、特に近現代史を認識し、また国際情勢に対して科学的判断を行う必要がある。

「矛盾論」の観点から世界と歴史を観察すればすぐに分かることだが、中国と欧米の近代以降の発展は、相反し矛盾しつつも同一性を有していた。例えば一六世紀以降の中国は全体的に見て統一・平和・安定な状態であったが、欧米ではばらばらの状態で戦争も絶えなかった。また十九世紀以降、中国は半植民地・半封建社会であったが、欧米は殖民地主義・帝国主義であった。さらに当時の社会主義市場経済と資本主義のグローバル化の関係もまた同様に矛盾しつつも同一性を有する関係であった。こうした関係を具体的に表現したのが「矛盾の同一性」である。

半植民地化していた中国を独立・統一・富強といった中国に生まれ変わらせ、また社会主義市場経済によって資本主義のグローバル化を変えることは「質的変化」であり、つまり事物がある歴史過程から全く別の歴史過程へと移り

注25　『一六大以来重要文献選編』〈中〉、一二八八頁、北京、中央文献出版社、二〇〇六年。

変わることである。そしてこの事物の「質的変化」を促す力を具体的に表現しているのが矛盾の闘争性であって同一性ではない。つまり「質的変化」に必要なのは適応力ではなく改造力であり、情勢を逆転させる実行力である。

このような矛盾の運動といった観点で改めてこの時代、この世界を眺めるとき、そのときはじめて中国の道について語ることができ、中国が今立っている偉大な戦略の転換点を認識することができる。

世界の大勢から眺めてみると、中国は今まさに現代文明の大転換時代に身を置いているが、中国はすでに、中国と世界を改造する社会主義発展の道を見出している。この道の核心、それは科学的発展観だ。中国の台頭が世界に与えた強烈な影響によって世界の多極化は現実的、決定的なものとなり、人類進化の道はさらに広がりを見せた。

中国の発展を実現するためには世界的視野に立って中国の発展の道筋を総括することが必要である。次の一歩をどのように踏み出すべきか、なぜこのような道を歩むのか。これに答えを出すためには人類の歴史が歩んできた道の総括、要約、革新を学ぶ必要があり、このような視点から科学的発展観の偉大な歴史的意義を理解するべきである。

世界の歴史が歩んできた道を弁証法的唯物論の観点から観察してみると、現代の人類社会はこれまでに三度の大転換を経験してきたことが分かる。

唐宋変革：人類にとっての第一次現代大改新

東洋史学・京都学派の基礎を築いた日本人、宮崎市定の研究によれば、中国の「唐宋変革」は古代社会から現代社会への転換という人類にとって最も重要な象徴的史実であり、現代の人類社会にとって初めての大転換、大改新の幕開けとなった。中国は世界で最も早く現代に突入した国であり、中国における中古（中国の歴史区分で一般的に魏から唐までの時期を指す）から現代に向けての大変動は紀元十世紀の唐代と宋代の間に起きており、これがいわゆる「唐宋変革」である。

一九二〇、三〇年代、郭沫若氏は日本に亡命中、中国古代史や古文字学の方面において新たな道を切り開く貢献をなし、その成果は日本を大いに震撼させた。そして日本の学術界の中でただ一人、この郭氏の目に留まったのが宮崎市定であった。その後、中国の「唐宋変革」が人類を現代へ導いた、という宮崎市定の観点は世界史学界に次第に受け入れられていった。近頃、イギリスの政治学者ジョン・ホブソン（John M. Hobson）の著書『西洋文明の起源：東洋』（The Eastern Origins of Western Civilization）[注26]がハーバード大学出版社より出版され、世界史研究の方面に大きな反響を起こした。そこで述べられている理論の一つ、それが「中国が世界で初めて現代に突入した」という京都学派の学説であった[注27]。

弁証法的唯物論の観点から問題や歴史を眺めると、たとえ中国の伝統社会や古い文明に中国の社会発展を束縛する深刻な矛盾や弊害が存在しているとしても、この矛盾や弊害は同時に、矛盾を解決するために歴史的な前提や条件をも作り出している、ということが分かる。例えば中国は長きにわたって統一、安定、平和であったが、欧米ではばらばらの状態で戦争も絶えなかった。これこそ相反し矛盾しつつも同一性を有する歴史的な「運動」である。つまりこうした長期的な平和、安定が最終的には中国内部の組織力や人民動員力を弱めることになり、また反対に長期的な貧困や戦乱によって欧米諸国は軍事統率力、戦時国債制度、そして資源略奪の衝動といったものを生み出すことができた。これもまた歴史的弁証法であるが、こうした世界史における弁証法的運動は一般的な「先進」、「立ち遅れ」といった言葉で単純に表現したり総括したり出来るものではない。

注26　ジョン・ホブソン：『西洋文明の起源：東洋』、山東省済南、山東画報出版社、二〇〇九年参照。

注27　宮崎市定：『東洋的近世』、『日本学者研究中国史論著選訳』より、一五三～二四二頁、北京、中華書局、一九九二年。

人類にとっての第一次現代大改新「唐宋変革」には以下に示される五つの重要な内容が含まれている。その第一が、交通革命による世界との広範囲な関係形成である。実際、元朝の頃にはすでに、文化の壁を越えヨーロッパとアジアを結ぶ広大な陸上交通網が開拓されていた。中古から現代へといった中国の転換は、いうなれば交通がより一層運河に依拠するようになった転換である。宋、明、清、これらの都は全て海へ向かって運河沿いに築かれていた。また一四〇五年に始まる鄭和の大航海は一四三三年までに七度の「下西洋（西洋下り）」を行っている。この時代から中国は、陸地および海洋の交通網開拓を通して世界と密接な関係を結ぶようになり、中国が先導する世界市場、世界経済は次第に形作られていくようになる。

第二が、経済面に関することだが、宋代の頃、国家の税収のうち農地税が占めるのは半分にも満たず、半分以上が塩の販売利益や商工業の関税（海洋貿易、北方地区から契丹《きったん》〈古代中国のモンゴル系遊牧狩猟民族〉、西夏〈チベット系タングート族の国家〉、遼〈契丹族の耶律阿保機が建国〉に対する交易を含む）であったということだ。明代の正統元年（一四三六年）、江南（長江下流より南の一帯）では官田（官有の田地）の土地税として「金貨銀（従来の米に代わって、租税として支払われた銀）」が納められていたが、これは皇室の土地が初めて貨幣資本に変わったことを意味しており、また一条鞭法《いちじょうべんぽう》（明代後期から清代初期に中国各地で実施された銀納による徴税）の施行により税収が貨幣に代わったことは貨幣経済の普及を告げており、また市場の効率性や「勤労革命」の原則が経済を支配するようになったことを示している。山西商人や新安商人（安徽省歙県の旧府である徽州府の商人）を含めた「十大商人集団」の台頭により商品経済は発達していった。

第三が、コークスを燃料とした製鉄技術の躍進、急速な発展が、世界のエネルギー・製造分野における世界で初めての技術的革命であったということだ。世界史学界の研究によれば中国は、九世紀にはコークスをすでに使用しており、十世紀に入った宋代の頃にはコークス製鉄法が広く行われていた。これは人類史において驚天動地の出来事であった。なぜならばヨーロッパでは一六一二年になって初めてスタードバントが石炭を原料としたコークスによる製鉄法の特許権を獲得し、一六一九年にはダッドリーがコークス製鉄を試みるも成功せず、一七一三年になってようやくダービーによって技術的な成功を収めることができたからである。こうして十八世紀中頃になると鉄の生産量は急速に増え、産業革命を後押しするようになった。このように宋代初期に起源を持つ中国のコークス製鉄法は、西洋に先駆けることおよそ六百年であった。これと関連した航海用の巨大な錨の生産や磁器生産技術の飛躍は第一次現代エネルギー・製造分野革命を代表するものであった。

第四が、科挙制度による貴族制度の撲滅、社会的階層を開放したことである。

第五が、文化の自由化である。儒家思想に関しては「五経」注釈から解放され、個人的、思想的、議論的な「四書」へとさらに傾倒していった。また庶民文化の発達により、傑出した四大長編小説が生まれた。これは古代および当時の世界と比較すると、第一次トータルルネッサンス（全面的文芸復興）と言えるだろう。

特筆すべきは宋明代の新儒学が提唱した「宇宙は〝もとから存在する調和〟である」という洞察がいかなる創造主も「第一因（仏教用語で世界原初の因を指す）」の支配も認めようとしなかったことであり、これは人類史上最も先進的な考え方であった。「天地のために心を立て，生民のために道を立て，去聖のために絶学を継ぎ，万世のために太平を開かん」という張載《ちょうさい》（中国・北宋時代の儒学者）の著名な言葉が語っていることは人の世の情けであり、そこに示されているのは世界そして全人類的な視野である。また全人類・全世界の立場に立って問題に対処することを主張し、これは現代の人類にとって初めての、思想と精神の高揚を表していた。これに続くドイツ哲学もまた同じ高みに達した。なぜならばドイツ哲学もまた「全人類的解放」、「人の解放」という普遍的命題を打ち出したからである。それがたとえ抽象的意義において提唱されたものであったとしてもだ。

こうしたことのゆえにマルクスは「全人類的視野から問題をとらえる哲学こそが真の哲学であり、〝人の情け〟を最も厖大な労働者の運命や解放と関連付ける哲学だけが、洋々たる本物の前途を切り開くことが出来る」と言っている。

私たちは古い文明の改造を主張するが、これはまたマルクスがドイツ哲学を批判的に継承したように、中国も自国の文化の伝統の中から先進的要素を批判的に理解し継承すべきであるということを意味している。マルクスは次のように述べている。「哲学はプロレタリアートを自身の物質的武器とし、同様にプロレタリアートも哲学を自身の精神的武器としている。いまだ覚醒されていない国民の世界に〝思想の雷光〟が一旦射こまれたならば、ドイツ人は解放されて〝人〟となる」「ドイツ人の解放とはつまり〝人〟の解放である。この解放の頭脳は哲学であり、心臓はプロレタリアートである。哲学はプロレタリアートを消滅させせなければ現実となれず、プロレタリアートは哲学を現実としなければ自己を消滅させることができない[注28]」

同様に中華民族の偉大なる復興、つまり人類の総人口の五分の一を占める中国人民の解放は、つまり「人」の解放である。そして今日一三億に達する中国人民がもしも『礼記・礼運篇』にある「大同（国家も階級も無く、人々が平等で自由な理想社会）」という理想を現実化せず、不合理な世界秩序を改善することもできず、また新しい発展観によって全人類を解放することができないならば、中国の厖大な労働者自身の、本当の意味での解放もまた不可能である。

中国文明の中には世界的視野や人に対する配慮といったものが息づいている。たとえ国家消滅といった近代の危機に面しても、中国の先達は民族主義や覇権主義といった偏狭なやり方を選ばず、むしろ共産主義や社会主義の道を選んだ。なぜならば人類への配慮、人類に対する責任感、世界に対する関心が中国文明の基礎であるからだ。そしてこれこそが本当の普遍的価値であり、人種差別主義、植民地主義、覇権主義といったものを精神的領域から徹底的に駆逐するものである。このような人類に対する責任感、世界的視野から離れて「普遍的価値」を探し求めても全く意味の無いことである。

前述した内容のうち「中国と世界の関係」「世界に対する中国の影響」は特に重要である。中国は世界との関わり方について積極的に探求を行ってきた。その動機は、国内的には主に生産と市場の拡大および貨幣不足といった矛盾によるものであった。この矛盾により中国は明代隆慶元年（一五六七年）以降、アメリカから大量の銀を導入することになり、アメリカやヨーロッパを世界経済の渦に引き込んでいった。一方国外的には国際情勢を安定させるといった考えに基づくものであったが、この広範囲な関係の中にあって「朝貢」と呼ばれる国際貿易、金融秩序は重要な役割を果した。

いわゆる朝貢とは決して世界の国々に定期的に中国へ貢物を献上させたり、臣服の意を示させたりすることではない。中国は一貫して「華夏は夷狄《いてき》を治めず」、つまり中国は中華文明圏に属さない国々を統治することはない、という信念を抱いてきた。この「朝貢」とは現代の言い方で説明すると、世界各国の国民がそれぞれ自国の物産や収穫物を携え、定期的に人類共通の祖先そして自然界の恩恵に対し感謝を表す儀式を行うことである。このように定期的に行われる儀式は主に、当時世界で最も発展的な国家であった中国によって請け負われた。実際それは現代の上海で開催される国際博覧会と類似したものである。朝貢の「朝」は決して中国を朝見することではなく、その対象は人類共通の祖先であり自然界の恵みに対してである。「貢」もまた中国に貢物を献上することではなく、自国の物産を通して祖先や自然に対し感謝の思いを示すことだ。

現代の日本で最も傑出した思想家柄谷行人氏は最近の研究の中で中華帝国を「世界帝国」と称している。彼は世界帝国の要点、要素について「世界帝国は世界的貨幣、世界的宗教、世界的言語を保持している」とまとめている。また中国については「世界的宗教とはつまり儒教、仏教、道教であり、世界的言語とはつまり漢語である。漢語の表意

注28　マルクス：『ヘーゲル法哲学批判序説』、『マルクス・エンゲルス全集』、第一巻、四六七頁、北京、人民出版社、一九五六年参照。

体系は中国のみならず韓国、日本、朝鮮等にも及んでいる。柄谷氏によれば世界帝国が採用した法律は、現代の「国際法」の理想形といえる。中国の周囲にはさまざまな国が存在するが、それらの国々が中国に対して朝貢を行う目的の一つは、当然のことながら貿易である。しかしもう一つ別の重要な目的が実は、中国に朝貢することで自国の「内部秩序」を確立することであった。当時、秩序の確立は大変重要なことであった。中国の近隣諸国は、それ以前は世界に普遍的秩序が存在することを決して認めようとせず、言うなれば国際法の存在を否定していた。このためこのような国は内部秩序についても武力によって確立しようとし、戦争、混戦、謀反が絶えることはなかった。しかし中国に朝貢することで合法的に自国を統治し秩序を守ることが可能となり、また最も重要なことであるが「世界に〝普遍的秩序〟というものが存在する」という意識が芽生えるようになった。日本は、朝鮮のように文官官僚制を導入し、それに便乗して秩序の合法性を確立するようなことはなかったが、しかし朱熹《しゅき》の「世界の普遍的秩序」という概念を導入した。政治の仕組みや法律が同じ形態をとるようになったのも、まさに世界の普遍的秩序といった意識が芽生えたからである。中心的国家である中国と、近隣諸国の日本、韓国との関係はまさに「世界の普遍的秩序」という意識の芽生えの上に構築されたものである。今日の言い方をすれば、国際法の基礎を築いたもの、それが十六世紀のこうした世界の普遍的秩序に対する承認であった[注29]。

一七九五年、カントは中国の世界観を「友好権」と表現し、近代西洋の「自然権」と区別した。カントは、「友好権」を基礎にすることではじめて「国際立憲政治」が成り立つと述べている。柄谷氏の研究はカントの論旨を深掘りしたものである。

朝貢という貿易システム、金融システムは、現中国文明の輪郭を初めて世界に示したものであり、その核となるものは全地球的協力型社会といった一つの理想であった。すなわち現代社会とは、世界の相互関係が日毎に緊密になっていくような社会、貨幣経済や商品経済がますます盛んになり、エネルギー・技術が絶え間なく進歩し、また文化や思想が日に日に自由で創造性豊かなものとなっていく、そのような社会であるだけでなく、商品経済や市場経済が社会と密接に融合し一体化した社会でもあり、また人類共通の歴史的文化遺産を尊重し、自然の恵みに感謝することを主張する社会でもある。

欧米の勃興：人類にとっての第二次現代大改新

人類にとって二度目の現代社会大改新は一六世紀に起こり、十九世紀に極みに達した。これは欧米諸国によって形成、推進されたものであり、「ウェストファリア体制」を核とした、欧米の列強支配による、世界を分割してしまうような強権的秩序であった。

これは伝統ある中国の発展モデルに対する挑戦であり、また世界「中央統制」の平和的・安定的モデルに対する挑戦、革命でもあった。

この制度の基盤は「自然権」である。

ウェストファリア体制は現代の世界に初めて「強権政治」という枠組みを固め、欧米列強国間の武力闘争や対立を国際秩序の基礎とするものであった。このような権力による秩序と中国が描く世界秩序の最大の相違点は、前者が全面競争型社会を目指すものであり、後者が平和や協力により発展を図る協力型社会を目指すものであるということだ。

前述したような競争型社会へ向かうヨーロッパの大転換が全人類に与える影響について、エンゲルスは明確に指摘している。「近代資本主義社会が示しているのは世界・自然・自分自身に対する人類の態度の大転換、大改新であり、

注29　柄谷行人：『世界史の構造』、八五頁、岩波書店、二〇一〇年参照。

象徴しているのは〝食うか食われるか〟といった残酷な競争社会の訪れである」「社会戦争、つまり全ての人間が一人残らず互いに敵対し合う戦争の始まりが今この場で宣告された。一人ひとりが他人をただ利用する対象としてしか見ることがなく、全ての人間が他人を搾取し、その結果強い者が弱い者を踏み台にする、そのような戦争が……」

このような「食うか食われるか」といった競争型社会は、マルサスの『人口論』の中で古典経済学により説明されている。

残酷な「食うか食われるか」といった競争型社会は資本主義社会の基本的な特徴である。これはヨーロッパの長期にわたる分裂や立ち遅れといった実情に深く根ざしたものであり、特に相互の覇権争い、「食うか食われるか」といった現実の境遇、こうした現実的境遇によって覇権主義、強権政治が欧米諸国における政治面・軍事面での基準となった。

一五〇〇年、ヨーロッパには互いに攻め合う二百余りの公式の国家が存在し、神聖ローマ帝国（ドイツ国民の）だけでも三〇〇の諸侯が存在した。「戦争」はヨーロッパ五〇〇年の歴史において基本的な主題であった。歴史が如実に物語っているとおり一六世紀以来ヨーロッパにおける資源面での危機感は新しいエネルギー源の選択および産業革命を強い、また軍事・安全保障面での危機感は金融革命をあおった。そして残酷な競争型市民社会はヨーロッパを資本主義社会から帝国主義体制へと向かわせることになる。

資本主義の勝利は、主に労働生産性や経済効率の大幅な向上によりもたらされると理解している者もいるが、このような考え方は真実の歴史的文脈から一旦逸れると、非常に欺瞞に満ちたものとなる。労働生産性に関する古典的理論は、イギリスの経済学者デヴィッド・リカードによる地代論および労働価値説の中に示されている。その核心は私的所有権にあるのみならず、さらに「何が私的所有権であるか」に対する独特な定義の仕方にある。つまり私的所有権の重要な意義が「誰が最も有効に土地を活用できるか」「誰がその土地を所有すべきか」ということに示されている。デヴィッド・リカードがこの理論を唱えた政治的目的は、もともとイギリスの囲い込み運動のためであったが、あっという間に植民地主義者が植民地を略奪するための法的よりどころとなってしまった。「誰が最も有効に土地を活用できるか、土地は誰に帰属すべきか」といった所有権論により、インディアンの土地や、インド人そして中国人の土地が植民地主義者によって奪い去られてしまった。[注30] これこそ「自然権」の実施にほかならない。実際、アメリカの「独立宣言」がなされた同年に出版された『国富論』の中で、アダム・スミスは次のように指摘している。イギリスを含めたヨーロッパ全体の市場は中国ほど大きくはなく、ヨーロッパにおける農業の経済効率および労働生産性は中国の足元にもおよばない。資本主義の台頭、ヨーロッパの隆盛は、第一にアメリカ大陸の植民地化によるものであって、ただ単に経済効率や労働生産性の向上によるものではない。「私的所有権」論と植民地主義の実践の密接な関係を深く理解することは、フーゴー・グローティウス、ジョン・ロック、サー・ウィリアム・ペティといった欧米思想家の「権利」に関する学説の要点を理解することである。反対の言い方をすれば、もしも本物の経済史を理解できなければ、「私的所有権」と「効率」の間に存在する暗黒のロジックについて永遠に理解することはできない。

一言でまとめると欧米の現代性は「一つの中心、二つの基本点」を有していると言える。つまり全面競争型社会を本位、中心とし、軍事および金融の拡張を二つの基本的な原動力とすること、これが欧米社会駆動型の第二次大改新の本質である。

社会学者のチャールズ・ティリーによれば、一五〇〇年以降の五百年間ヨーロッパの統治者たちは戦争の準備や戦争のための費用の支払い、そして戦争による損失の補填に専心し、こうした中から国家のために軍資金を工面し、運用し、投資・貸付する銀行家階級が生まれた。一四九二年スペイン軍はアメリカ大陸を占領した。これは武力による世界略奪そして発展化といったヨーロッパ植民地経済モデルの幕開けとなった。そして欧米の資金調達制度はまた、

注30　エレン・メイクシンズ・ウッド：『資本の帝国』、五四頁、上海、上海訳文出版社、二〇〇六年参照。

軍備拡張のための金融面における強大な動力となった（金融面から言えば一六世紀以来、ヨーロッパはまずアメリカの銀と交換に中国の物産や金を手に入れ、大量の富を蓄えた。そして一八一〇年以降、銀が枯渇する一方で大量の金を掌握するようになったヨーロッパは、金本位制により世界の銀貨幣体系を打ちこわした。金本位そして第二次世界大戦後の米ドル本位にはじまり一九七一年以降のアメリカ国債が世界経済をリードする債務型経済モデルに至るまで、欧米諸国が軍事的支配権や金融的支配権により世界を統治するといったやり方は変わっていない）。

欧米が力をつけていく過程において、軍事革命および金融革命は二つの主要な原動力であった。これは軍需産業集団と金融集団が一貫して二大資産階級集団であるという事態を生み出した。

人類が技術革命を推し進めるにあたり、欧米の資産階級が重要な働きを成していたことは否定できない事実である。科学技術の飛躍的発展がこの大転換の際立った特徴であることを決して否定するつもりはない。しかし欧米の世界的な科学技術革命は、労働生産性の向上および労働力の雇用削減という二つの傾向を常に有しており、後者は資本蓄積最大化の原則を具現化したものであり、また当時まだ安価であった天然資源を出来うる限り大量に使用し、人間という労働力の代わりに機械を使用するという方法が具体化されたものであり、そして資本最大化の原則を実現するものであった。このように資本の蓄積といった論理に支配されて自然を略奪し、人類の労働を排斥したことは、欧米における科学技術発展の重大な弊害であった。

いかなるときにも科学は尊重されるべきであり、科学技術は第一の生産力であるという観点を常に堅持しなくてはならない。このことは疑う余地がない。しかし尊重すべき科学とは本物の科学であり、偽の科学ではない。また目標とすべきは科学的発展の最新の成果であり科学技術発展の最先端であって、科学的発展によりすでに証明されている時代遅れの、機械的で一面的なものではない。さらに具体的に言えば、熱力学の時代になってもニュートン力学の機械的方法にしがみつくことはもはや不可能であり、時代遅れの機械的世界観を科学的な宇宙観と見なすことはなおさら不可能であるということだ。

資本主義経済学の重大な欠陥は、ニュートン力学の時代の初期機械物理学の中に深々とのめり込んでしまったことにあり、しかも今まで本当の意味において現代物理学を、特に熱力学の法則を理解したことがなかったということだ。この意味において資本主義経済学は、それ自身の上に構築された資本主義的な発展モデルや生産様式といったもの全てを含めて、科学的視野から眺めてみるとまぎれもなく時代遅れで一面的なものである。

ニュートン的観点に照らせば全ての作用力は皆同等の反作用力を有しているが、まさにこの様な機械的世界観を基礎として、アダム・スミスやジャン＝バティスト・セーといった古典的な経済学者は市場を、需要と供給の双方が互いに作用し合う機械的構造になぞらえた。それは例えば、消費者の需要が高まると売り手は値上げを行い、売り手が過度に値上げを行うと需要は減少し、需要を促すために値下げを余儀なくされるといったものである。同様の論理はさらに天然資源や人的「労働力」の利用にも適用できる。つまり資源や労働力が不足すると価格は上昇し供給量の増加を促す。反対に労働力や資源の価格が低下すると供給量も減少するようになる。このように合理的な市場価格というものは、資源の合理的な生産・配置を保証する基礎である。

しかしながらこうした機械論的な観点は次の三つの基本的な事実を見落としている。

その一、天然資源や労働力の供給は永遠に枯渇することがなく、ある種の資源や廉価な労働力をいつまでも合理的な価格で手に入れることができる、と思い込んでいること。つまり天然資源は再生不可能なものであり、人間は売買できるものではなく、労働力は永遠に湧き出るものではないという事実を見落としている。例えば石炭は燃え尽きてしまえば二度と熱を発することが出来ずただ廃棄物になるだけであるが、労働力にもまた老化、退化、消耗といった可能性が存在する。こうした意味において天然資源を売却して富を得たり、労働力を売って生き延びようとすることは血を売ることよりも残酷である。なぜならば血を売って金に換えようとするとき、ある意味において血液は人の体内で再生可能と言えるが、資源を売却してしまったり労働力を使い果たしてしまうと永遠に再生することができず、再生されるものといえばただ「エントロピー」だけであるからだ。

その二、作用力と反作用力が同等であるといった原理によれば需要と供給、販売と購買は双方ともウインウインの関係にあると言えるが、しかし資源の生産はエントロピー的意義からすると不可逆的なものであるため、「ウインウイン」は根本的にあり得ないということ。

その三、エントロピーとは市場の外面性であり、偶発的な要素であり、また商業活動における限界コストであると考える者もいるが、こうした外面性や限界コストはすでに環境を破壊し、ある地域の人々の暮らしを壊滅しうるほどになっており、このような経済学はそれ自体がすでに間違った方向へ導くものとなってしまっているということ。

実際、ニュートン力学といったシンプルな機械論から脱却し、熱力学的観点、本物の科学的視野からこの世界を観察すべき時がすでにきている。アルベルト・アインシュタインはかつてこのように指摘している「熱力学の法則は宇宙の中で私が信じることのできる唯一の物理学的理論であり、包括する事象が広く、また影響力が最も深遠な科学的理論である」。熱力学の第一・第二法則の核心は次の一言にまとめられる「宇宙の総エネルギーは不変であるが、エントロピーの総量は今も絶えず増加し続けている」。第一法則は宇宙エネルギーの不変性を指摘しているため「エネルギー保存の法則」とも呼ばれている。一方で第二法則によると、エネルギーは確かに創造されることも消費し尽くされることもなく、ただある状態から別の状態へと絶えず転化し続けているだけであるが、しかしその転化は永遠に一方向であって、つまり「利用可能」から「利用不可能」へといったものである。例えば石炭を完全に燃焼させたとしても、そのエネルギーはやはり存在している。ただそれは大気中に拡散した二酸化硫黄や二酸化炭素そしてその他のガスに転換されるだけの話である。しかしたとえこのような転換の過程においてエネルギーが失われないにしろ、この石炭はもはや永遠に燃焼することはなく、本来の役割を果たすことは不可能になってしまっている。このことはまさに三〇年間という月日を費やして蓄積してきた青壮年の労働力が消費し尽くされ、労働力の資源が枯渇してしまい、そのため中国発展の原動力が喪失してしまったことと同じである。そしてこれこそ第二法則が私たち中国に告げていることである。つまりエネルギーはいかなる条件下の転化であっても必ず「利用可能なエネルギー」の一部が失われる、というものである。しかもこの失われたエネルギーの一部は二度と有効な働きを成すことができず、それどころか転化した結果、社会の発展・進歩にとっての巨大な負担となる。この利用可能なエネルギーの損失量は「エントロピー」と呼ばれ、この現代物理学の最も重要な概念はイギリス王立協会会長ルドルフ・クラウジウス（Rudolf Clausius. 一八二二年～一八八八年）によって一八六八年に初めて示されたものである。

総括すると、熱力学第一法則が語るところは、宇宙エネルギーの総量は不変であり、エネルギーは創造されることも消費し尽くされることもなく、ただその様態が変化するのみであるということだ。そして第二法則の語るところは、エネルギーの様態間の転化は一方向であるということ。つまり有用から無用への転化、利用可能から利用不可能への転化、また秩序から無秩序への転化であるということだ。第二法則によれば、宇宙に存在する全ての物体は皆利用可能で集中したエネルギーに始まり、時間の経過に伴ってそれらは次第に利用不可能で分散したエネルギーへと転化していく。そして利用可能なエネルギーが利用不可能なエネルギーへと転化する程度を計る指標はエントロピー、あるいは「エントロピー収支」と呼ばれ、宇宙のあらゆるサブシステムに適用される。

熱力学の第二法則により以下のような結論が得られる。エネルギーの様態間の転化は一方向かつ不可逆的であるため（すなわち有用から無用への転化、利用可能から利用不可能への転化）、いわゆる「エネルギー市場」や「労働力」市場において資源の供給側・生産側そして労働力の提供側は、エネルギーの消費側・購買側そして労働力の購買側と、本当の意味におけるウインウインの関係を構築することは絶対にありえない。なぜならばこうした取り引きあるいは「転化」において前者が生産、供給するものは再生不可能な資源であり、提供するのは利用可能なエネルギー、再生不可能な労働力であって、一方残されたものといえば利用不可能な廃棄物だけであるからだ。この必然的な結果は自身のシステムにおけるエントロピー指数の上昇であり、社会負担の総量の増加であり、また社会の弱体化である。

今日の世界は二つの重大な試練に直面しており、その一つがエネルギーに関する試練であり（環境問題とエネルギー問題は密接な関係にある）、もう一つが世界的金融危機に関する試練である。石油、天然ガス、そして石炭は三大主要エネルギー源であるが、石油の埋蔵状況を世界の地域別に見てみると中東地域は六一・七パーセントと群を抜いて一位であり、世界六大産油地域のうちロシア、アメリカの自国埋蔵量はそれぞれ世界第二位、世界第五位である。一方アジア全体は最下位であり（世界全埋蔵量のわずか三・五パーセントを占めるにすぎない）、全体的に「貧油」地域である。中国については南シナ海だけが海底石油埋蔵量の比較的豊富な地域と言えるぐらいであるが、この地域は領有権争いが活発化している。一方ロシアとアメリカはそれぞれ天然ガスの最大備蓄国および最大生産国である。ロシアが世界全体備蓄量の二六・七パーセントを占める一方、アジア全体ではわずか七・九パーセントにとどまる。このような石油および天然ガスの分布状況は中国の「エネルギー面での基盤の脆弱さ」といった基本的国情を明確に示している。この三大主要エネルギーのうち石炭の埋蔵量だけはアメリカ、ロシアに次いで、中国は世界第三位に位置している。しかしアメリカやロシアのように石炭層が浅いところにあって露天採掘が有利であるのと異なり、中国の石炭層は深いところにあるため主に深層採掘に頼らざるをえない。現在、世界のエネルギー総供給量のうち石油は三五パーセント、石炭は二三パーセント、天然ガスは二一パーセントを占めている。こうした中、長期的視野に立って見ると二二世紀末には地球上の石炭備蓄量も使い果たされてしまうかもしれないが、それでも中国のエネルギー供給はかなりの長期間、主に石炭に頼らざるをえないであろう。これは中国の基本的国情により決定付けられ、またエネルギーの供給・備蓄に関する世界の取り組みからも明らかである。

中国の発展は今まさに歴史的転換点にあるが、その中にあって高度経済成長と有限的資源の間に横たわる矛盾、長きにわたり安価な労働力に頼って発展を図ってきたことと労働者の収入低下および社会の高齢化の間にある矛盾、この二つの大きな矛盾は中国の発展が直面する際立った矛盾となった。

「わが国は人口の厖大な国であり、また一人当たりの天然資源が相対的に不足している国でもある」と胡主席は指摘している。これは中国の基本的国情である。また「エネルギー資源の枯渇といった矛盾をしっかりと解決することは、わが国の発展全般に関わる重大な課題である」とも指摘している。現在、中国の経済規模はすでに世界の七パーセント以上を占めるが、毎年の石炭消費量は世界全体の四割近くである。また石油については経済の維持、持続、成長といった状況の下、輸入依存度はすでに五五パーセントを越えている。しかしこの時、欧米諸国の一部は石炭取引や石炭関税等の規則・準則の制定推進に注力し、金融債に類似した「排出券」の運営により発展途上国をできるだけ搾取、抑圧し、不合理で不公平な世界秩序を維持しようとしている。二〇〇九年にコペンハーゲンで開催された国連気候変動会議にて予期していた目標が採択にいたらなかったのも、欧米諸国が団結して新しいエネルギー技術を発展途上国に譲渡することを頑なに拒んだためである。彼らは一方において「低炭素（温室効果ガスの削減）」を武器として発展途上国を脅し圧力をかけ、またもう一方においては新エネルギーの研究開発技術を全面的に独占し、そうすることで他国に有無を言わせずエネルギー技術を購入させる状況を作り出そうと企んだ。このようにすることで二十一世紀の欧米諸国は、今日の中東が原油を輸出するようにエネルギー技術を販売し世界の支配権をその手に収め、ひいては常に発展途上国を攻撃し、発展途上国の発展を徹底的に制約できるようになった。こうした厳しい試練や圧力により中国は「国家の現代化という目標のためには、科学的技術力が高度で経済効果に優れ、資源の浪費や環境汚染がなく、人的資源の優勢を十分に発揮できる、そのような新型工業化への道を歩み、経済・社会の発展を科学的発展の軌道に確実に乗せなければならない」ということを知るに至った。

こうした残酷な競争のメカニズムの中で生き残るために最も重要なことは、エネルギーの転化において中核的地位、有利な地位を占有し、エネルギー転換の主導権を握るということだ。そのためには効率的な組織系統が必要で、そのような組織系統は有用で利用可能なエネルギーを手中に収めることができ、また転換によって生じる無用の「エントロピー」をその組織系統から徹底的に排除することができる。今日の資本主義社会はこのような目的のために組織化されたものであり、端的に言うならば資本主義社会の組織能力とは、有用なエネルギーを吸収し、無用なエネルギーを排出する能力であり、また良質な資本、労働力、資源を確保し、貧困、汚染、高齢者・弱者・病人・身体障害者を組織系統外に排斥する能力でもある。そしてこれこそが今日の世界に不平等を生み出している根源である。

これについてイギリスの化学者フレデリック・ソディは次のように指摘している。熱力学の法則は「最終的に政治力の盛衰、国家の自由度、そして商工業の発展を決定付ける。そしてこれは人類にとって普遍的な幸福の源であると同時に、貧富の格差を生み出す根源でもある」[注31]。こうした意味において、エネルギー転換の主導権を握ることができるか否か、私たちの手中にある有用なエネルギーを極力増やして無用なエネルギーを減らし、良質な資産を増やして不良資産を減らすことができるか否か、労働者の収入を絶えず引き上げることで労働者の条件を改善し労働者の素養を高めることができるか否か、つまり「人をもって基本とし」、エントロピー収支を減らすことができるか否か、また私たちの貴重な資本、労働力、資源が世界の資本主義的なシステムの糧となるために流出することを阻止できるか否か、こうしたことは指導層の執政能力や社会の組織力を量る基本的指標であり、科学的発展観がしっかりと根付いたかどうかを量る重要な尺度でもある。

以上をまとめると、人類にとっての第二次現代大改新は、科学技術の躍進に伴って軍事技術や金融技術の飛躍的革命を人類にもたらした。しかし同時に植民地を争奪するための最も残酷な世界大戦を二度にわたり引き起こし、極めて不平等な世界構造をもたらした。また南北対立や東西の争い、文明遺産の壊滅、特に大自然に対する深刻な破壊をももたらした。その結果厖大な労働者および発展途上国の国民は「発展の肥料」とされ、科学技術に対する深刻な誤解・誤用を招いた。他にも最近の世界金融危機《リーマン・ショック》、全地球規模の重大な生態学的災害、世界全体の貧困者数の急激な増加、特に全世界におけるアメリカの軍事的冒険が相継いで失敗したこと、これらは全面競争型社会や資本主義・帝国主義による発展方法を単一的に強調するやり方が今や深刻な危機に立たされていることを物語っている。

社会主義の勃興：人類にとっての第三次現代大改新

現代社会の第三次大改新はマルクス主義の誕生そして世界社会主義運動や民族解放運動の勃興に代表される。そしてそれは第二次現代大改新に対する批判と放棄であった。第三次大改新は四つのイノベーションと一つの基本目標を有している。四つのイノベーションとは第一に資本主義の危機の根源を示し、資本主義的生産方式の超越は可能であり当然であると提示すること。第二に政治制度の変革により国家の能力を強化し、発展途上の国や地域が成長し発展することで世界の平等化を促進すること。第三に人民の福利向上を、発展を推し量る基本的尺度とすること。第四に、平和と協力といった発展モデルでもって覇権争いといった発展モデルの代替とすることである。そして一つの基本目標とは資本主義的発展モデルの超越により人類にとっての全面的な発展を追及することである。これらについて詳しく述べてみよう。

第一に、マルクスの大いなる貢献は、資本主義の道が危機をはらんだ道であり、持続不可能な、不平等で不公正な道であるということを科学的に指摘したことである。古い発展方式である資本主義の最大の弊害とは、少数の人間が資本や生産手段を独占することである。資本家の本質は手段を選ばずに短期的利潤を奪い取るものであるため、必ず

注31　ジェレミー・リフキン：『水素エコノミー』より引用、一二九頁、海口、海南出版社、二〇〇三年。

や生産手段は早々に「利潤最大化」といった領域に位置づけられるようになる。そしてまた短期的利益のために長期的利益や本質的利益を顧みず犠牲にしてしまう。このような資本家の搾取によって有能な購買者は市場に不足するようになり、そのため市場の崩壊、社会の不平等は回避不能となる。もしも社会の制約が無く、また社会の抵抗や民衆の抗議、社会の保護運動、そして政府の干渉といったものが無ければ、資本主義は必ずや深刻な社会的危機、経済的危機を引き起こすに違いない。一方、社会主義が示しているものは基本的に、資本主義的生産方式により抑圧されていた生産力、消費力を解放することであり、つまりは資本を解放し市場を解放することである。

マルクスの『資本論』は金融・貨幣的資本と産業・労働的資本の関係から着手し、仮想経済と実体経済の関係について丁寧に解き明かしている。また資本主義社会を「天地逆さま」な危機的社会とする根源について説明し、資本主義経済の発展による社会の不平等と不公正の根源を見抜き、経済発展と社会の不平等拡大に関する根源について指摘している。

今まさに全世界を襲っている金融危機により世界は改めてマルクスを見直すこととなった。現代のヨーロッパで最も重要な思想家スラヴォイ・ジジェクは最近発表した一編の文章の中で「マルクスの『資本論』が語る使用価値と交換価値の違いは、実体経済と仮想経済を区別する理論的基礎である」と鋭い指摘をしている。

マルクスは使用価値と交換価値の対立を資本主義の基本的な矛盾と位置づけた。資本主義社会においてこの対立はピークに達し、つまり交換価値は自治権を獲得し、自らを駆り立てる投機資本という亡霊に変わってしまった。そしてまた交換価値が必要とする生産力そして現実の人間とは、交換価値にとって一時的に処理を行う具体的なものにすぎない。マルクスはこうした対立の中から自らの経済恐慌論を構築した。それは「金銭が金銭を生み、少額の金銭が大金を生み出す、このような自ら増殖するといった幻が現実によって打ち砕かれたとき、恐慌は起きる。なぜならばこのような狂気じみた投機は無制限に続けられるものではなく、ただより大きな恐慌の勃発を促すだけだからだ」といったものである。マルクスにとって経済恐慌の究極的な要因は、使用価値と交換価値の間にある決して超えることのできない大きな溝にある。つまり交換価値は自らの論理に従い、自らの狂気に酔って舞い踊り、現実的な人間の真実な求めに耳を貸すことは決してない。マルクスのこのような分析は今日他と比べることのできない真実性を帯びている。というのもこの時代にあって幻の世界と真実の世界の間にある緊張関係は、前代未聞の、もはやこれ以上耐えることのできない状況にまで至っているからだ。つまり一方において先物取引、企業買収といった、常軌を逸した唯我独尊的な投機を行いつつそこに内在する論理に従っており、またもう一方では生態学的災害、貧困、第三世界において社会生活の崩壊後に噴出してきた疾病、牛海綿状脳症（ＢＳＥ）という現実により世界は絶え間なく追い立てられている[注32]。

まさに『ニューヨーク・タイムズ』の記事の表題に見られるように、今日の全ては「皆、マルクスによって言い当てられた」。世界の歴史に根本的大転換が起きているこの時代にあっては、ジジェクのように今のこの世界の現実と結び付け、そしてマルクス主義の思想を解き明かした文献を真剣に読み直し、真理を追い求め、目を覚まし、資本主義的な発展方式を盲信することに終止符を打つことが求められている。

第二に、発展途中の国家や地域が先進国に追いつき、飛躍的発展を成し遂げ、世界の平等を推し進めたこと。レーニンの『資本主義の最高段階としての帝国主義』は、個人独占型銀行および多国籍独占型企業による公平、公正な世界市場の破壊から着手し、帝国主義時代の基本的特徴について徹底的に描写し、無産階級の先陣が率いる民族革命に

注32　スラヴォイ・ジジェク：「『帝国』は21世紀の『共産党宣言』か?」、『国外理論動態』掲載、二〇〇四年〈8〉。

より国の政治、軍事、経済、金融に関する主権を奪取することを打ち出した。これは発展途上国が帝国主義の統治から抜け出し、多国籍企業の独占や国際金融資本の独占から脱却し、独立自主的な急成長を実現し、より公平な世界市場、より合理的な社会を建設するために避けては通れない道である。

ソ連は立ち遅れた状態の国であったが明晰な国家成長戦略により、特に国際金融の独占資本からの「絶縁」といった方法により、帝国主義的秩序に対抗する世界強国を速やかに建設した。これはレーニンの道が正しかったことを証明している。レーニンはこのように指摘している「一方では多国籍独占型企業が世界市場を独占し、また一方ではいくつかの大規模な個人独占型銀行が世界の資本を独占している。これはまさに〝自由競争〟を掲げた市場の資本主義であり、独占的帝国主義への転換を示している」。しかし今日の状況は恐らくレーニンが当時思い描いていた世界よりもさらに深刻であろう。ゼネラル・エレクトリックやゼネラルモーターズ、そしてマイクロソフトのような世界市場を独占する企業は同時にまた、債券取引や保険取引を営み、そして企業の格付けを行う「スーパー全能覇権」を掌握している。このようにアメリカの産業資本は世界金融の独占資本へと飛躍的に「アップグレード」し、そして今日の世界規模の経済恐慌や金融危機を引き起こすにいたった。こうしたことの一切はまさにレーニンの論断を証明するものである。以上のようにマルクスは「なぜ」といった問題についての説明を試み、レーニンは「どのように」といった課題を指摘した。それゆえに今の中国は「レーニンを学び直す」時代に確実に突入しており、しかもこのことによってこのマルクス・レーニン主義的政党の先進性に対する自覚が増し加わるのだ。

第三に、「人民のために幸福をはかる」ことを、また人民の福利、特に最末端層にある厖大な人民の福利を向上することを、発展を推し量る基本的尺度としたこと。毛沢東を代表とする中国共産党は中国人民を率い、長期にわたる革命と闘争を行ってきた。このことは中国を帝国主義の奴隷的扱いから解放し、世界で最も人口の多い国家に速やかな工業化を成し遂げさせた。またそれだけでなくこうした中国の革命や建設といった経験によって、第三世界の国民は、独立と自由を勝ち取るために闘うよう大いに鼓舞された。独立自主的で強大な中国は、帝国主義が全世界を搾取する流れをこのようにして変えた。そしてまた、さらに重要なことであるが、新中国誕生の日以来「人民の福利向上」を、発展を推し量る基本的尺度としてきたが、これは中国の特色ある社会主義の道にとっての基礎となった。

建国当初の三〇年、確かに中国は依然として貧しかったが、それでも全国民を対象とした医療制度、特に農村の「合作医療制度（農民の医療費、入院費などに対して補助を行う中国の医療保険制度）」、そして学費免除の教育制度を構築し、人民の平均寿命を大幅に延ばした。ノーベル賞を受賞したインドの著名な学者アマルティア・センと彼のベルギーの同僚ジョンはかつて重要な研究を行ったことがある。その研究の一部は広く知られているが、他のある部分は最も重要な部分でありながらあまり人に知られていない。研究の中で彼らは中国とインドという、多くの方面において相似性と比較可能性が存在する二つの国を比較している。インド独立の一九四七年から中国改革開放の一九七九年までの時期、イギリスの統治下にあったインドでは世間を驚愕させた飢饉が起こり、数百万に上るインド国民は次々と飢餓に倒れていった。しかしインドの独立後、大飢饉が止んだのだ。アマルティア・センらはこれを民主政治の功績ととらえた。ここで言う民主政治とはイギリス統治下の民主主義政府とは全く異なるものであった。民主政治の下にあるインドではどこかある場所で災難が起きると、大量の情報が広まっていき、そしてその情報が中央政府に届き、政府はこの災難に対して反応を示し、飢饉の影響を軽減することができた。

しかしアマルティア・センらの研究の中で最も重要な部分は往々にして日の目を見ることがなかった。しかしこの部分によって実はノーベル賞を得ることができた。それは彼らが一九五二～七八年のインドと中国の死亡率について比較を行ったことである。インドでは情報が比較的スムーズに伝わるため、中国で発生した三年間の自然災害による大飢饉のようなことは起こらなかった。しかし中国における情報伝達の問題がひとたび是正されると、飢饉は徹底的に根絶され、しかも中国では末端層への医療制度の普及により死亡率は迅速に低下し、死亡率低下の速度はインドに比べてはるかに速かった。その結果、この比較対象期間である二六年間、中国における死亡者数はインドより一億人も少なくなった。この一億という数は大変な数字である。インドおよびその他同レベルの発展途上国との比較において、このことは人類に対する新中国の最大の貢献であり、また中国モデル、中国の道にとっての主要な特徴そのものでもある、とアマルティア・センらの研究は指摘している。

またアマルティア・センは、社会の公正な分配を経済学的視野から次のように指摘している。社会の公正な分配の実現は、パイ（社会の財や利益）を広げて福利全体を最大化するだけでなく、社会の中で最も劣悪な境遇にある人が最大の改善効果を享受できるよう努めることでもある。こうしたことから公正は「最小の最大化（maxim in justice）」を意味している。言葉を換えて言うならば、大多数の最低層労働者の福利を改善することこそが、社会の公正を実現する本当の道であり、こうした意味からすれば新中国の発展モデルは、理想的なものであると同時に理性的（に成功した）ものでもあるといえる[注33]。

今日のインドは発達したソフトウエア産業およびバイオ実験室で有名である。確かにインドがこうした方面において中国の北京大学や清華大学より優秀であることは疑いの余地が無い。ニューデリーの大学教授の給与は北京大学の教授に比べはるかに高く、また所得もアメリカの大学と肩を並べることができる。しかしインドにおける貧富の格差は中国よりもはるかに大きく、ニューデリーから数マイル離れた村落では、農民の自殺率が右肩上がりであるが、このことを知る者は少ない。これはインド政府が農村人口関連、灌漑工事および国による融資に用いるべき財政資金を全てハイテクノロジー産業に投入したためである。またインドの全ての大都市は、その周囲が貧民窟であることもあまり知られていない。このようにいたる所で目にする貧民窟は衝撃的な映画『スラムドッグ$ミリオネア』の中で描き出され、一般の中国人を驚愕させた。このような取り返しのつかない事態を引き起こした原因はただ一つであり、それはインドが土地改革を行ったことがなく、無一物の失地農民が存在するからである。

実際、一九九一年の改革時にインドは、国際連合開発計画の人類開発指数ランキングにおいて第一二四位に名を連ねている。インドにおける改革は莫大な富やテクノロジーの向上をもたらしたが、改革後の人類開発指数ランキングは逆に第一二七位になり後退している。これというのもインドには中国のような農村、農業の基礎がないからである。このような比較を通しても、社会主義制度の優越性を見て取ることができる。

二〇〇七年に世界銀行が公表した報告によると、一九七〇年代後半以降、国際性金融機関から融資を受けている一六〇カ国のうち、中国、インド、韓国だけが外国資本の利用によって発展に成功し、それ以外の一五〇カ国余りは皆債務危機に陥った。そして二〇〇六年までの第三世界諸国の債務総額は三兆七〇〇〇億米ドルに達し、一九八〇年代になるとアルゼンチン、ブラジル、インドネシア、イラク、メキシコ、フィリピン、ロシア、トルコといった中所得国もまた転落して世界最大の債務国となった。ここで極めて対照的なのが、中国は二〇〇四年に第三世界発展のため四千万米ドルを無償資金援助として世界銀行に贈与したということだ。これは中国だけが成しえたことでインドや韓国には不可能なことであった。

このように「外国資本を利用して発展を図る」ことは、世界を見渡しても他に類を見ない特例である。中国が外国資本を利用して成功した主な要因は以下の四点に示される。一、政治の安定、政府の効率的な実行力。二、あらゆる領域にわたる産業の基礎。三、社会の平等。四、質が高くチームワークの取れた労働力。[注34] 上記四点は長期にわたる社会主義の革命および建設により築き上げられた堅実な基礎の賜物である。

第四、平和と協力といった発展モデルでもって、競争と覇権争いといった発展モデルの代替とすること。平和的発

注33　Amartya Sen.Collective Choice and Social Welfare.San Francisco.Holden-Kay.Inc.,1970.

注34　Steven Hiatt 編『帝国金銭遊戯（A Game As Old As Empire）』、一三七頁、北京、当代中国出版社、二〇〇七年。

展による覇権の超越。

一九七〇年代後半、鄧小平を代表とする中国共産党は世界の情勢を冷静かつ鋭く分析し、「資本主義と社会主義は近い将来ある段階において長期間共存する」といった判断を下した。そして欧米の発展の道を、放棄はするけれど単純に否定はしないといったマルクス主義的立場に中国を連れ戻した。また世界革命を空想し、社会主義を夢見る極左路線を全面的に批判し、「革命でなければ反動だ」といった、あるいは「赤でなければ黒である」といった教条主義的考え方を否定した。「資本主義が陥った一九七一年の金融大恐慌、このように重要な戦略的チャンスをしっかりと捉えるには、国家の門戸を大胆に開放し、欧米の先進技術、先進的な設備そして経営管理の経験を導入しなければならない。そして広範かつ全面的な国際協力により、平和・協力・発展といった新しい国際情勢を切り開いていくべきである」、中国共産党はこのように指摘した。

第二次世界大戦後に発足したブレトンウッズ体制は基本的に金為替システムであって、つまり米ドルと金を共に国際準備通貨とするものであった。三五米ドルで金1オンスといった固定レートにより米ドルは「黄金券」となり、こうしたことにより米ドルを金と等しく見なす「美金(美＝アメリカ)」といった言い方が生まれた。しかし米ドルはしょせん金ではないため、米ドルと金の間に前述した固定金利が永久に維持されるのかといった確信上の問題は常に存在した。一九七一年以降、アメリカのベトナム出兵は失敗に終わり、戦争への莫大な投資が全て無駄になった。この時、外国人が所有するアメリカの資産は五〇〇億米ドルに達していたが、アメリカの蓄えた金はわずか一五〇億米ドルしかなかった。このため米ドルと金の三五対一というレートはもはや実現不可能であった。ド・ゴールは最初に軍艦を派遣してアメリカから金を回収し、世界もまた米ドルに対し大きな疑念を抱いて大量の米ドルを投げ売りした。アメリカが備蓄していた金は急激に減少し、ニクソン政府はやむなく米ドルと金の交換中止を宣言した。このことが後にブレトンウッズ体制の崩壊を招くこととなる。

一九七一年アメリカは徐々に「第二のブレトンウッズ体制」の構築を推し進めていった。その特徴は以下のとおりである。一、米ドルと金のダブル本位に米ドル本位が取って代わり、米ドルは金との繋がりを絶ち中心的国際準備通貨となったこと。二、為替制度は米ドルと金の固定相場から自由変動を軸とした方式へ変わり、資本が自由に流動するようになったこと。このようにして今日に至るまで維持されている国際収支形態が形成された。そしてこのようないわゆる「第二のブレトンウッズ体制」を構築することで、世界各国はアメリカのために商品を生産し、労働やサービスを提供するようになり、そこで得られた米ドルはまたアメリカの国債を購入するために用いられた（これは米ドルを再びアメリカに返却することに匹敵する）。これが最終的にもたらす結果は、一つに世界の資源がアメリカに流れ込むことであり、また一つにアメリカの借用書が次から次へと止むことなく世界中へ垂れ流しにされるというものである。

七〇年代、アメリカはこのような新しいブレトンウッズ体制を構築しようとしたが、そのためには世界主要国の支持と参画が必要であった。仮に広範囲にわたる世界の参画が無かったならば、特に世界最多の人口と世界最大の市場を有する中国の参画が無かったならば、このような体制は成り立たなかったであろう。しかし七〇年代の中国にとってこれは、こうした世界情勢の大変革あるいは大転換にいかにして対応するかといった課題に直面することであった。すなわち一方では、アメリカが世界規模の戦略的失敗から身を退こうとするならば中国の黙認が必要であり、またアメリカが新しい国際収支の関係を構築しようとするならば、なおさら中国の参画が必要ということである（もちろん当時の冷戦状態にあってはたとえ中国が参画しなかったとしても、アメリカは少なくともある時期に東南アジアや中東、ひいてはソ連や東ヨーロッパからパートナーを探し出したであろうし、そうなると中国は逆により一層孤立することになる）。またもう一方で中国自身にとっては、こうした巨大な転換を積極的に利用し、また国際的な生産や流通網に一挙に参入することで、大胆に封鎖を突破し、過剰な生産能力を消化することができ、中国の経済成長を促進することが可能となる。そしてまた資本の自由な流動により、中国は外国資本を取り込み先進技術やマネージメントのノウハウを導入することができる。これもまた総体的に言って、中国にとっては有利なことである。これこそ中国が改革開放という戦略的政策を実行するための土台構築である。

このため鄧小平は「われわれの改革開放は能動的なものであるため、〝自らを主とする〟といった戦略思考、また〝自らが使用する〟であって、〝他人のためにつまらぬむだ骨を折らない〟といった基本原則を徹底して堅く守るべきである」と指摘している。

また「平和的発展は闘いを放棄することではない。というのも平和的発展と覇権主義、この二つの理念は本質的に対立したものであり、平和的発展とは覇権主義モデルに対する否定であり新しい考え方であるからだ」と鋭い指摘をしている。鄧小平は次のように語った。「帝国主義的西側世界は、全ての社会主義国が社会主義の道を放棄し、最終的には国際的独占資本の統治下に置かれ資本主義の道を歩むようもくろんでいる。今こそわれらはこの逆流に立ち向かい、われらの旗印を高く掲げるべきである。なぜならばもしわれらが社会主義を堅持しなければ、発展したとしても最終的にはただの属国になるだけで、そうなれば発展しようと望むことさえ容易なことではなくなってしまうからである。今日の世界市場はすでに満員状態であり、いまさらそこに参入しようとしても容易なことではない。ただ社会主義だけが中国を救うことができ、社会主義だけが中国を発展させられる[注35]」

今日の国際経済の発展状況は鄧小平の判断を裏付けている。それはつまり「第二のブレトンウッズ体制」のマイナスの作用が日増しに強くなり、ますます顕著になっているということだ。中国の経済規模が拡大するにつれ輸出に頼った経済成長はますます困難になり、貿易摩擦は日毎に激しくなり貿易条件もまた悪化の一途をたどるばかりである。そして中国の外貨準備の安全性は今まさに重大な脅威にさらされている。アメリカは一旦深刻な債務危機に陥ると「債務不履行」「インフレ政策」「米ドルの平価切下げ」といった三つのうちから任意に手段を選択して債務を反故にし、中国の保有する米ドル資産を無益なものとしてしまう。こうして中国は国際的資本家が主導権を握る資本の枠組みの中へ深々と飲み込まれていき、自律性はますます弱まり、国力もまた着実に蝕まれていくであろう。

さらに深刻なのは、資源の過度な消費や輸出主導型発展モデルは中国の経済・社会の発展において深刻な不均一、あるいは分配方式の不平等といったものを生み出すということである。こうした地域間の不調和、部門間の利益紛争、特に分配の不平等は社会の結束力や国力を甚だしく弱め、経済の持続可能な発展を制約する。

改革開放の全行程に関する問題に関して鄧小平はかつてこのように想定した「二十世紀末になりいくらかゆとりが生まれたら、そのときには共同富裕（共に富む）といった問題について取り組まなければならない」。一九九〇年一二月二四日、鄧小平は中央の責任者数名との会話の中で次のように語っている。「共同富裕についてわれわれは改革の当初より語ってきたが、この先いつの日か中心的課題となるだろう。社会主義とは少数の者が富み大多数の民が貧しいといったものではない。社会主義の最も優れた点は共に富むということであり、これこそ社会主義の本質が体現されたものであるからだ[注36]」

鄧小平はまた次のように指摘している。「中国の状況は極めて特殊である。仮に五一パーセントの国民が先に豊かになったとしても、四九パーセントの国民、つまり六億人余りが依然貧困の中にあるならば、社会の安定は望めない。中国が資本主義を行おうとしても成り立たないであろう。社会主義によって共同富裕が実現するとき、そのときはじめて社会は安定し発展する。社会主義の中に含まれているもの、それが共同富裕である[注37]」

注35　鄧小平：「第三世代指導集団にとっての当面の急務」一九八九年六月一六日、『鄧小平文選』、第三巻、三一一頁、北京、人民出版社、一九九三年。
注36　鄧小平：「時機を巧みに利用し、発展問題を解決する」一九九〇年一二月二四日、『鄧小平文選』、第三巻、三六四頁、北京、人民出版社、一九九三年参照。
注37　『鄧小平年譜一九七五――一九九七』下、一三一二頁、北京、中央文献出版社、２００４年。

一九九〇年七月、国家オリンピック体育センターを視察した際、鄧小平はより一層鋭い指摘をしている。「改革開放の目標は成長、富裕といった単純なものではない。それは発展の目標や方法という重要な問題によって決まり、発展の目標や方法はその前提でありまた基礎である」

また次のように語っている。「われわれが改革開放を実行することは、いかにして社会主義を行うかという問題である。制度面に関して言えば、社会主義という前提が無ければ改革開放はたちまち資本主義に向かってしまうであろう。それは例えば二極分化などである。中国は一一億の人口を擁しているが、仮に十分の一が、つまり一億人余りが富裕になり、一方で残りの九億人余りが貧困から抜け出せないのなら、革命をせざるをえないではないか。九億人余りはすぐにでも革命を実施するであろう。だからこそ中国は社会主義を行う以外に道はなく、また二極分化は是が非でも回避しなければならない[注38]」

今日、国内外における情勢の変化と照らし合わせて鄧小平の理論を正確に理解すると、以下のことが明確になる。改革開放の初期、中国の労働力や資源といった優勢は、先進国の資本や技術といった優勢と矛盾しつつも同一性を有しており、また互いに影響し合っていた。このような矛盾のうちに見られる同一性は改革開放を実行するうえでの基本条件であり、また改革開放とは中国の優勢を絶えず強固なものとし続け、資本主義の優勢を弱めるものである。本物の発展とは量的変化や量的発展ではなく質的変化や質的発展であり、またいわゆる「質的発展」とはつまり中国の労働力的優勢を技術的優勢にまで高め、資源的優勢を資本的優勢へと転化させることであって、決して相反するものではない。

今日中国がこのような国際的地位を得ることができ、また中国の発展によって世界のパワーバランスに新たな変化を引き起こすことができたのは、中国が手元にいくらかの米ドルを所有していたからではなく、また「一部の人間が豊かになり始めた」といった単純なことによるものでもない。世界的視野に立って見てみると結局のところ平和と協力による発展といった中国の基本的目標、こうした基本的な発展への道が次第に人々の心の中に深く浸透していったからであり、このような発展への道や理念が世界から歓迎され支持されるようになったからである。もしも中国がこのような目標を放棄し、環境破壊や二極分化といった道を歩んでいたならば、覇権主義国家はさらに多くの理由をつけて中国の行く手を阻み、身動きがとれないようにしたことだろう。

「国際情勢と中国の対外政策」は、中国共産党第十四回全国代表大会の突出した内容であった。その報告では次のように指摘している「今、世界はまさに歴史的大変動の時期にある。世界の二極構造はすでに終局を迎え、あらゆる力が再び分化しそして組み合わされ、世界は今まさに多極化に向かって発展している。新たな世界構造の形成は恐らく長期的かつ複雑な道をたどるであろう」。このような重要な論断の提起は「中国の社会主義の道および改革開放は、国際情勢や世界構造の本質的な変遷を促進している」ということを表している。

例を挙げると今日のヨーロッパは、平和と協力による発展という中国の呼びかけに呼応し始め、国家の利益を核心とすることや、戦略的な勢力均衡や対立を保証するヴェストファーレン条約の強権政治を放棄するようになった。少しずつではあるが交渉に重点を置き、外交とビジネスの関係が有する本質的な作用を重視するようになってきている。そして国際法を尊重すること、言葉による説得を強調するようになり、武力を放棄し、武力による威嚇を手放すようになった。近代以来、中国はずっと西洋的世界観につき従ってきた。しかし現在ではヨーロッパが、中国の主張する発展モデルに倣い始めている。これは大変大きな変化である。

実際、カントは早くも一七九五年に『永遠平和のために』の中で、金融を手段とした武力や戦時国債によって発展しようと企むイギリスを非難し、またそのような企みこそヨーロッパや世界の平和にとっての根本的な脅威であると

注38 『鄧小平年譜一九七五――一九九七』下、一三一七頁、北京、中央文献出版社、2004年。

言っている。カントは理性や法の秩序によりヨーロッパの混戦状態を修復しようと試みた。カントはヨーロッパの平和の希望をフリードリヒ二世の啓蒙専制下にある知識人に託した。なぜならば彼ら知識人は「世界には秩序があり歴史は目的を有している」と信じていたからである。これがいわゆる啓蒙時代である。

注目に値することに『永遠平和のために』の中でカントは、武力に頼った好戦的な近代ヨーロッパの発展の道は、法を侮り理性を踏みにじるものであると指摘しただけでなく、さらに次のように指摘している。「中国はかつてこのような〝お客さま〟から学んだことがあったため適切な対応をした。つまり中国は彼らが近づいてくるのを拒みはしなかったが、彼らの進出を許したわけではなかった」「（中国の）こうした〝お客さま〟に対する接し方は、ヨーロッパ人の自然権にそぐわないものであった。なぜならば中国が行使していたのは〝友好権〟であったからである。こうした方法によってこそ互いに遠く離れた大陸同士は平和的関係を構築することができ、そしてこのような関係は最終的に公共の法律となり、ついには人類を世界市民の立憲政治へと近づけさせる」[注39]

しかしカントが提起した、中国式「友好権（世界全体皆兄弟）」を基礎とした「世界の立憲政治」という論断は、長い歴史の流れの中で人々に忘れ去られていった。現代の法学者ジョン・ボードリー・ロールズは、ヨーロッパの歴史によって形成された利益の相互性に基づき、ヨーロッパを統合する「万民法」の制定といった構想を打ち出した。しかしながら彼の構想が瞬く間にバルカン地域で厳しい試練に直面したのは「バルカン地域はかつてオスマン帝国の一部分であり、現在のアラブ世界同様、そこに住む人民の悲惨な運命がまさに〝近代ヨーロッパ再建〟による悲劇的な結果であり、この悲劇的な結果はヨーロッパによるさらなる再建によって解決が得られるものではない」ということを現代ヨーロッパの多くの知識人同様に、ロールズ教授もまた忘れてしまったからである。

今日、ヨーロッパの有識者達はいわゆる「カントに帰る」ということについてすでに認識している。それはまず初めにカントが打ち出した「友好権」の意義を改めて考え直し、そのうえでいかにして帝国主義や植民地主義によって分断されたヨーロッパ大陸とアジア大陸の間の有機的な繋がりを、このような「友好権」を基礎として新たに構築すべきかを考えなければならない、ということである。

当然ヨーロッパのこうした転換は、覇権主義国家の大きな不満を引き起こすこととなった。アメリカのタカ派で著名なロバート・ケーガン（Robert Kagan）はかつてこのように指摘している「ヨーロッパ人はかつて強権政治を発明した。しかし今ではむしろ良好な願望に基づく理想主義を信じている。見て分かるとおり今日のヨーロッパは昔ながらの伝統に背を向けており、何が是で何が非なのか、誰が敵で誰が見方なのかも分からない軟弱勢力と成り果てた」[注40]。このような言論は、今の世界には中国の発展を望まず、またヨーロッパの団結ひいてはＥＵの成長も見たくないという人間が存在すること、またこのような人間はヨーロッパがヴェストファーレン条約時代のように互いに威嚇し合い、攻め合う状態へと逆戻りすることを願っていること、を如実に物語っている。

アメリカの国民は偉大である。中米両国の国民の間には広範囲にわたる共同の利益が存在し、共通の価値観を有し、さらには人類と世界に対して共に重大な責任を担っている。あえて言うが中国には発展に関する問題が確かに存在している。しかしアメリカもまた同様に発展に関する深刻な問題を抱えている。アレクシ・ド・トクヴィル（Alexis de Tocqueville）はアメリカの文化や民主主義に対して「アメリカの民主の基盤を成しているのは功利であって正義ではない」「アメリカのやり方は横暴であって仁義を重んじるものではない」と善意ある、しかも急所を突いた批判をしている。

トクヴィルは『アメリカのデモクラシー（Democracy in America）』の中で「世界にアメリカ人ほど財産を愛し

注39　カント：『永遠平和のために』、『カント全集』、第八巻、三六四～三六五頁、中国人民大学出版社、二〇一〇年参照。
注40　ロバート・ケーガン：『ネオコンの論理』、八四頁、北京、新華出版社、二〇〇四年。

ている人間はいない（In no country in the world is the love of property more active and more anxious than in the United States)」と述べている。アメリカ人が財産を愛していることを理解しなければ、アメリカの「自由」を理解することはできない。なぜならアメリカの自由とは「脇目も振らずに財産を築くためには、他人をかまってはならない。他人にかまわれるのはなおさらいけない」ということを指しているからである。同様に、アメリカ社会の財産保有状況を知らなければ、本当の意味でアメリカの「民主」を知ることはできない。なぜならアメリカにおける民主の基盤は中産階級であって、中産階級の性格がアメリカの民主の性格を決定付けているからだ。

トクヴィルによるとアメリカの中産階級は「富豪でもなければ極貧でもない、暮らし向きはまずまず安定しているといった人たちである。彼らは財産を非常に重視している。というのも、彼らが貧困から抜け出たのはそれほど遠い昔のことではないからだ。彼らは貧困の苦しみを身をもって知っているため、自分たちの心配や希望をこのような一家の財産に託してしまう。彼らは財産が今より少しでも増えることを常に望んでおり、彼らにとって最大の災難とは全財産を失うことである。この種の人間は、たとえそれが好いものであったとしても激しい変化に自ずと抵抗する。まさにこのような中産階級の保守性というものが、アメリカ社会という有機体の安定的状態を保証している」。

「もちろん自由民主主義がアメリカを作り上げるということはありうるが、しかし自由民主主義の惰性が（あるいは中産階級の惰性とも言えるが）、アメリカを衰退へと追いやることもありうる」とトクヴィルは予言している。その理由は第一に、中産階級はただ自分の事だけを顧みて財産を築き、公共事業には関心を持つことがないからだ。そのため「ある人たちの破壊的激情」によって、いとも簡単に泥沼にはまり込んでしまう。「誰もが自分のテリトリーの中で個人の利益にのみ関心を寄せ、他人のことは頭の中から閉め出している。しかも一部の人間の破壊的激情が、このような大衆の愚かで無知な利己主義や臆病な心理を利用し、社会全体を尋常ならぬ災難へと追い立てる」。第二に、中産階級はただ自分の身辺、目先の利益にのみ関心を払っているからだ。このような保守性は自ずと、社会の革新、改革、革命を阻止する傾向にある。「もしも公民が家庭の利益といったますます狭まる枠の中に閉じこもり、かつ休む間もなくこうした利益を追い求め続けるならば、混乱を招くとはいえ国民の前進と革新を推し進めることのできる公平無私な情操を、彼らが最後の最後まで生み出すことはないだろう。財産を愛する心がこのように激しく切実になるとき、人間は一切の新しい理論を災いとみなし、一切の改革を軽率で無分別な行動とみなし、また一切の社会的進歩を革命に向かう前兆と見なすようになるのではないだろうか。人類は今日、一切を顧みずに目先の享楽を追い求め、自己の長期的利益そして子孫の代の利益までも心に留めなくなってしまった。そして運命が用意してくれた道を安穏と歩いていくことを好み、たとえ必要なときがきても毅然とした態度で古いやり方を根本から変えることを望まなくなった。その結果、人類は前進することを止め、自分で自分を束縛し、全ての人間が自分の精力を、些細で無益な孤立した活動に注ぐようになった。どうやら全ての人間が皆、忙しく立ち働き小さなことで大きな計画を台無しにしてしまっているようだ。全人類は二度と前進することはないだろう」。

トクヴィルのこれらの言葉はアメリカの運命に対する予言だけでなく、今現在そして将来の中国の運命に対する警告でもある。今日の世界を見てみると、まさにアメリカが自分のことだけを考えているため世界の指導権を担うことができず、またケーガンのような周囲皆「敵」だらけといった強権思想が「友好権」にそぐわないため、「世界的立憲政治」の成就や「永遠なる世界平和」は脅かされている。保守的で進取の精神に欠けている、これこそアメリカを衰退の泥沼へと引きずり込むものである。今日の中国にはあらゆる問題が存在しており、「科学的発展の実行なくして活路を見出すことは不可能である」。これは事実である。一方でアメリカの、当座貸越しによる消費やバーチャル経済に過度に頼り、自然の資源を過度に消費するといった旧式の発展方式は持続不可能であり、アメリカはすでに行き詰まっている。「アメリカは変わらなければならない。変わらなければアメリカは崩壊するであろう」、これはオバマ大統領が選挙運動の際に述べた名言である。

一九五〇年代にアメリカを席巻した悪名高きマッカーシズムにより深刻な迫害を受けたのは銭学森ら中国の科学者だけでなく、ジョージ・マーシャル将軍、オーウェン・ラティモア、ジョン・S・サービスらを含むアメリカの優秀なエリートたちもそうであった。こうした深刻な被害により中国とアメリカは両軍がにらみ合う長期的敵対関係に陥った。それはマッカーシズム最大の支援者であるリチャード・ニクソン氏が、泥沼化したベトナム戦争の中で自らの過ちを悟るまで続いたが、アメリカはそのときすでにベトナム戦争によって歴史の谷底へと滑り落ちていた。

マッカーシズムという「破壊的激情」が中米両国国民に、そして全世界に及ぼした破壊は甚大である。こうした歴史的教訓を受け、中米両国は互いに協力して人類社会の新しい大変換を推し進めるべきである。なぜならば望む望まないに関わらず、金融危機の爆発が証明しているとおり「アメリカが消費し中国が生産する」といった発展モデルはもはや継続不可能であり、また地球の生態系にとっても耐えられないものであるからだ。著名な言語学者であり、現代の傑出した人文科学の第一人者であるノーム・チョムスキーは中国を訪問した際、今日の国際情勢につきインタビューに答えて次のように語っている。「今日、アメリカ政府は中国を恐れているが、この恐れは決して軍事上の脅威を指しているのではない。これは決して冗談ではないが国際関係はいささか闇社会と似たところがある。例えば、みかじめ料を払ってこない店があるのに気が付いた暴力団はこの店を脅してみるが、それでもこの店は決して屈しない。中国とアメリカの関係はまさにこうした状況にある。敵意むき出しなアメリカ政府を尻目にベネズエラは一部の製品を中国に輸出し、ブラジル、チリ、ペルーなどその他のラテンアメリカも続々と中国に対し友好的な態度をとり、中国との経済・貿易協力関係を強化した。中国はこうした貿易により協力関係にある国々に利益を収めさせ、アメリカの足元を揺るがすようになった。アメリカの政府筋は『国家戦略分析』の中で中国を主要な長期的脅威として位置づけている。これはもちろん軍事的理由によるものではない。中国が軍事的に他国を侵略すると考える者は誰もいないし、また中国がより威力のある防御兵器を開発したがっていると考える者もいないからである。アメリカは中国を威嚇することができない、それだけが理由である[注41]」

中国とアメリカの保守主義者の根本的な違いは、発展に関する理念の違いである。つまり中国が平和と協力による発展を主張するのに対し、アメリカ国内の保守派は依然としてこの世界を「アメリカの戦利品」と理解しており、覇権主義や強権主義を放棄しようとしない。アメリカ国務省に勤務する身でありながらロバート・ケーガンはあろうことか以下のように露骨かつ率直に述べている。「アメリカが想像できる唯一の、安定的な世界秩序とは、アメリカを中心とした国際秩序である。同時にアメリカは、武力によらない、特にアメリカの武力による保護を抜きにした国際秩序というものを想像することができない。アメリカは今まで武力を用いずに理想的社会を実現させた経験がない。また超国家による統治など今まで一度たりとも信じたことがない。それゆえにアメリカが国際法や国際機関を遵守することは不可能である。国際社会における行動を規範化する法律が存在しうるのは、アメリカの武力による保護があるからである。現在、ＥＵや中国はアメリカが国際法を遵守するよう要求しているが、これは秩序の創造者に対して秩序を遵守しろと言っているようなものであって全くこっけいなことである」

また次のように述べている。「〝九・一一〟以前、アメリカの戦略的ターゲットエリアはすでにその矛先を中国に向けていた。中国を戦略上の重大な挑戦者と見なすこのような観点は、クリントン政権の頃ペンタゴンにて形成された。ブッシュ大統領は政権把握の時期に前後して『中国は決してアメリカの戦略的パートナーではなく、戦略的ライバルである』と鋭い指摘をした。このようにして中国はアメリカにとっての挑戦者であるという原則が政府当局にはっきりと確認された』『神がわれわれにこのように無情な試練を与えられたことを感謝している。おかげでわれわれはしっかりと団結して国家の安全を守り、歴史がわれわれに授けた道徳および政治的リーダーシップを執るという使命を受

注41　蒯楽昊、李江：「中国を威嚇できないアメリカ――チョムスキー氏独占インタビュー」、『南方人物週刊』掲載、二〇〇七［一二］。

け取ることができた」[注42]

しかしケーガン氏はアメリカの実力を高く見積もりすぎ、また平和と発展を求める世界の大勢を低く見積もりすぎた。この点においてまさに彼は、自己ピーアールしている「現実主義者」からかけ離れているのだ。イマニュエル・ウォーラーステイン（アメリカの社会学者）は最近次のような指摘をしている。アメリカの戦争用「機械」はとことん退化してただの「機械」となった。今日のアメリカは先進的機械に頼って戦うよりほかなく、それというのも白人の中産階級のうち、自ら進んで無駄死にする者はいないからである。このため政府は黒人や少数民族の子孫である若者たちを戦争に動員せざるをえなくなった。歴史が証明していることだがアフガニスタンやイラクでは先進的な機械に頼っても問題は解決しない。戦争の勝ち負けを決めるのはただ「人間」だけであって、アメリカに不足しているのは、まさにこの「人間」である。イラク戦争でアメリカ軍は三万人を越す身体障害者を生み出し、アメリカ政府は彼らに一人当たり八百万米ドルを支払わなければならなくなった。こうした人たちに支払われる救済金だけでも今日のアメリカにとっては相当な痛手となっている。

『超帝国主義』の筆者マイケル・ハドソンは次のように指摘している。アメリカの国際収支が赤字である本当の要因は厖大な軍事支出および国外における軍事基地建設であって、決してアメリカが一貫して主張する対中貿易のせいではない。このことはオバマ大統領が政権を握ってからというもの、一層際立つこととなった。なぜならばオバマ大統領はアフガン戦争をより一層エスカレートさせたからである。今日のアメリカが朝鮮やイランに対する軍事干渉を望んでいないわけではない。アメリカの覇権主義にブレーキをかけている本当の理由は、今のアメリカが経済的に苦しいからである。戦争を仕掛けるか、それとも国を破産から守るか、今のアメリカは選択を強いられている。今日のアメリカが中国を制約しうる唯一の方法は冷戦の残党勢力を利用し、中国を取り巻くあの「形勢判断を誤った」二流、三流の国を利用して中国を煩わすことだけであるが、こうしたアメリカのやり方には限界がある。

アメリカ国内にもまた、ケーガンのような強権政治の宣伝とは異なる、「友好権」を主張する冷静な声が存在する。チョムスキー氏は語る。「非常に明白なことだが、中国は平和的方法でアメリカとの関係を促進したいと願っている。少なくともアメリカの戦略アナリストはそのように理解している。アメリカには文学や科学研究に関する雑誌がいくつかあるが、そこに書かれている内容は高い評価を受けている。非常に有名な戦略アナリスト、ジョン・スタインブレナーは二年前にこうした雑誌の中でアメリカ政府に対し警告を発したことがある。中でも特にブッシュ政権の軍事的侵略政策が最終的に破滅的な不幸を招くことについて警告している。こうした観点は厳格な戦略アナリストたちに広く認められるところとなった。彼らは『中国の指導によって平和を愛する国々に呼びかけ団結し、アメリカの軍国主義に対し抵抗していくべきである。しかしヨーロッパはアメリカと同盟を結んでいるため、ヨーロッパによる指導はありえない』と考えている」[注43]

チョムスキー氏ら大家の卓越した分析は今日の国際情勢について透徹した解説を与えている。それは、中国が平和と協力による発展という理念を堅持しているため、現在、世界のパワーバランスは確実に大きく変化している、といったものである。「覇権主義に対する最大の〝脅威〟は、中国が平和と協力による発展とった新しい発展観を堅持することであって、それ以外の何物でもない」とチョムスキー氏は語る。

今日、世界のパワーバランスに変化が生じているとはいえ、中国の基本的国情は変わっていない。また覇権主義が世界の秩序に対して主導的な役割を果たしていることや、不公正で不合理な、略奪による発展モデルといったものもまた変わっていない。現在について言うと、アメリカの債券価値や資産は過大評価され、世界金融危機の重大な火種

注42　ロバート・ケーガン：『ネオコンの論理』、九三頁、北京、新華出版社、二〇〇四年。
注43　蒯楽昊、李江：『中国を威嚇できないアメリカ――チョムスキー氏独占インタビュー』、『南方人物週刊』掲載、二〇〇七［二］。

は常に存在している。アメリカが債務経済といった方法によって世界を動かし世界を欺く、こうした金融秩序もまた変わっていない。また米ドルを世界の主導的貨幣、覇権的貨幣とする大前提も相変わらずである。アメリカの武力は世界を破滅させるのに十分であるといった暴力的優位性も変化がみられない。デビッド・S・ランデス（アメリカの経済学者・歴史学者）は著書『〝強国〟論』の中で「なぜ富んだ者と貧しい者が存在するのか」といった問題提起をしている。しかしそこで導き出された結論は幼稚ででたらめであった。今日、世界に存在する貧富の格差の根源は、生産手段をどれほど掌握しているか、にある。生産手段の分配における深刻な不平等が生産力発展のレベルを左右する。ある者は資源や労働力を売り渡すことで発展を図り、またある一部の者は武力と金融債券により莫大な利益を得ようとする。このような世界において発展途上国の真実な発展は論外であり、また発展途上国の発展がアメリカのような先進国を脅かすと考えることにいたってはまるで夢物語である。

中国はこれまでずっと「華夏（中国の古称。中華と同義）は夷狄《いてき》を治めず」という優れた伝統を守ってきた。中国は今まで一度もアメリカを変えようと考えたことはない。今日の中国の発展と奮闘は、アメリカを変えるというよりむしろ自らを改造するものである。すなわち現代の世界が引きずってきた不合理で不公正な局面を、中国は自らの発展モデルを改変することによって乗り越えようとしている。それは経済面から言えば、発展途上国が長い間頼りにしてきた、廉価な労働力と廉価な資源によって生き残ろうとする「売血」の道から脱却し、技術・資本・革新によって発展する「健康的」な道を歩むことを意味している。また社会面から言えば、国民の暮らしを第一とする考えを発展させ、経済的恩恵が中国全土の、そして全世界の一般労働者にあまねくいきわたるようにすることである。さらに文化面から言えば、中国文化・中国文明に対する自信と自覚を再構築することである。

中国の改革と発展は今まさに「量的変化」から「質的変化」へという重大な過程をたどっている。現代の中国がこうした量的変化から質的変化へという発展方式の革命の道に歩み出せたのは、状況を見極め、情勢を逆転させる中国共産党の強力な実行力による。このような発展方式の「質的変化」については胡錦涛主席が次のように指摘している。「経済成長方式の改革からはじまり経済発展方式の改革へと進む、確かにこれはたった二文字が置き換わっただけであるが、そこに含まれる意味の違いは実に奥深い。経済発展方式の改革とは、経済成長方式の改革全ての内容を網羅するにとどまらず、さらに経済発展の理念、目的、戦略、手段等に対しより厳しい要求を新たに打ち出すものである。

早くも一九九八年に江沢民は、アジア通貨危機が私たちに与えた三つの重要な啓示と教訓について、「安価な労働力に頼り、資源を消耗し、外国資本に依存する発展モデルは必ずや正されなければならず、今の中国発展の仕組みは調整が必要である」と厳かに言及している。江沢民の指摘によれば第一に、ある大国が経済的に発展するためには堅実な物質的技術の基礎、基盤となる強大な産業、合理的な経済構造といったものが必須であり、経済発展は大々的に行えば実現するというものではない。第二に、世界経済の連携がますます緊密化し、国際競争が激化し複雑になっていく時期に、あらゆる不利な要素やリスクについてしっかりとした認識を持ち、時を移さずに対策を講じることは不可欠である。いかにして利益を確保し損害を回避するか、いかにして主導権を掌握するか、これは重要なことである。第三に、経済発展は社会が全面的に進歩するための基礎であるが、単独で実施されるものではない。整備されていない法的制度、腐敗した政治、乱れた社会のモラル、これらは経済発展の全般に直接影響を及ぼすものである。[注44]上記三点は発展の道・方式・目標に対する全般を示唆し、体現したものである。

中国の歴史のみならず人類の歴史の発展にとっても重要なこの転換期に、胡錦涛を総書記とする共産党中央委員会は中華民族の偉大なる英知を結集し、マルクス主義の真理と結合させて科学的発展観を打ち出した。科学的発展観の提起は、中国の道の先進性を初めて全面的かつ系統立てて明確に解き明かすものであった。それはまた長きにわたる、

注44　江沢民：「経済に関わる事業を貫徹し、リスクに対する許容力・防御力を強化する」一九九八年二月二六日、『江沢民文選』、第二巻、一〇二頁、北京、人民出版社、二〇〇六年参照。

模倣し追随するといった中国の受動的な立場を、今日の世界において、全く新しいものを生み出す、主体的で建設的な、さらには強力な吸引力を有するパワーへと一気に転化することを示している。

科学的発展を目標とし転換型発展・飛躍的発展を趣旨とする、このような転換や飛躍とは、資源・資本・労働力といった要素に依存して生き延びることから、技術・知識・革新により発展を試みることへの転換である。これは一部の人間が富むことから共に富むことを目指すものであり、また最も広大な民主主義を人民の生活に関わる現実的な基盤の上に打ち立てることでもあり、そして限られた人間だけが享受することを許された知識・情報を全ての人に解放し、全ての人が教育を受けて知的労働者となれるようにすることである。

胡錦涛主席はさらに踏み込んで次のように指摘している「革命、建設、改革という歴史的過程の、党と人民に関わる事業が発展する重要な時期に、われわれ共産党は世界および国内の情勢の変化を全面的に把握し、党の壮大な青写真と行動綱領を打ち出し、全党員が一丸となって奮闘するために進むべき方向を指し示した」[注45]。科学的発展観が打ち出されたことは中国の歴史ひいては人類の歴史の大転換を象徴しており、これは中国が社会主義現代化を全面的に建設した時期の戦略的綱領である。

人類発展の歴史を全体的に把握し、そのうえで戦略的計画および政策を実施する。これは科学的発展観の際立った特徴である。二十一世紀に入り、特にアメリカで金融危機が勃発して以来、中国発展に関わる国際的条件および国内の条件に重要な変化がみられた。

国際的条件から見ると金融危機の勃発は、消費や仮想経済に過度に依存するといったアメリカの発展方式がもはや持続不可能であることを宣告している。アメリカの金融危機が引き起こした問題とは金融市場の動揺、世界規模のインフレ圧力増大、資源・食料の物価上昇、保護貿易主義の台頭、世界経済成長の失速である。国内の条件から見ると過度に輸出に依存し、資本・投資および商品市場を外国に頼る「両頭在外」といった発展方式もまた同様に持続不可能である。発展の地域間格差が示しているのは、段階式発展モデルもまた持続不可能であり、加工貿易や資源消耗により発展を図るやり方は、中国の発展を「資源の罠」に誘い込むだけでなく、「中所得の罠」にさえ追い込みかねないということである。全体的に見て、「古い発展方式」と「物質文化に対する人々の需要」の間に存在する矛盾は益々際立ち、今日見られる社会的矛盾は、前述した本質的矛盾の具現化したものといえるだろう。

社会主義的「和諧社会」を建設するためには、大衆路線という優れた党の伝統を回復しさらに高めていくことが求められる。全党員は現場に深く立ち入り、大衆と深く関わり、人民大衆の主人公としての地位および人民の主体性を、社会の最末端層から改めて築き上げていくことが必要である。人民のための「民生」といったテーマを展開するためには、社会主義的民主主義を「民生」といったこの経済的基盤の上に着実に根付かせることが求められる。マルクス主義学習型政党の建設に求められているのは、全党員が新しい生産方式、発展方式を絶えず学習し習得し続けることであり、これによって古い発展方式に対する「経路依存性」から一歩ずつ脱却することである。科学的発展観が全党員に求めていることは国際的視野と高次元な戦略を持ち続けることである。全党員は、国際的視野に立って人類発展の歴史を総体的に把握し、中国社会主義の道の優位性に対する自覚と自信を強め、社会主義市場経済、社会主義民主政治、社会主義和諧社会そして社会主義先進文化に対する自覚と自信を強化するよう求められている。

科学的発展の道、方式、目標をあまねく世に知らしめ実行に移すためには、自らの視野を広げレベルアップを図ることが必要である。そして世界全体の動向に対する自らの考え方や国内情勢に対する判断を臆することなく言い表さなくてはならない。なぜなら中国は世界の人口の五分の一を占める国だからだ。中国は自分たちの声を持つべきであ

注45　胡錦涛：「全党科学的発展観徹底学習実践活動動員大会兼省部級主要指導幹部テーマセミナーでの演説」二〇〇八年九月一九日、『改革開放三〇年重要文献選編――下』、一八一五頁、北京、中央文献出版社、二〇〇八年参照。

り、世界の真相を徹底して明らかにしていき、自国の長期的利益に対する要望を胸を張って訴えていかなければならない。科学的発展観を全力で言い広め実行していくことは中国人民に真理の道を知らしめるだけでなく、私たち中国の立場を、そして中国の発展や人類の進歩に対する画期的な構想を、世界にしっかりと理解してもらうことでもある。

中国発展の道筋や理念が国内外の「左」または「右」の妨害を受け続けているということもまた事実である。イギリスのシェフィールド大学クリス・ブラモール（Chris Bramall）教授は雑誌『現代中国』二〇〇九年七月号の中で「暗黒からの脱却――中国モデルチェンジの道」を公表した。ブラモール教授はこの中で次のように指摘している。一九七八年以来、中国経済は確かに高度成長期にある。しかし中国は歴史的なチャンスを逃してしまった。つまり毛沢東の時代に築き上げた医療・教育方面の福利制度を継続的に発展させ完成させることをしなかった。また環境や資源の保護を真剣に取り上げることなく、さらには必要なときにその経済力を政治や理念における自主性へと転化させてこなかった。それどころかある一部の驕った「主流派経済学」学者の扇動の下、アングロサクソン・モデル（米英型資本主義）に転向してGDPの成長をひたすら追い求め、その結果深刻な一連の経済的・社会的問題を引き起こした。このような問題に含まれるものは何か。それは製品の価格的優位性のみを重視し質的優位性をないがしろにしたこと、安価な労働力のみを重視し、労働の対価である賃金の引き上げや労働生産性の向上を顧みなかったことである。また資本、特に金融資本を過度に重視する一方で雇用問題や環境問題を軽視し、アメリカ式医療改革に倣って人民の健康や福利をないがしろにしてきた。これらの問題は皆、中国経済の持続可能な発展にとってネックとなった。しかし二〇〇八年の世界的経済危機により、アングロサクソン・モデルは世界の蔑視と疑問視にさらされることとなり、これによって中国は「小康社会」構想を打ち立てるチャンスを再び手にすることができた。ブラモール氏は指摘する。「胡錦涛や温家宝は認識している。もう一つの選択可能な現代化は中国にとって実現可能であるということを。そして中国が「小康社会」構想に向かって突き進む時機はすでに熟しており、中国モデルチェンジの道は、中国が世界を

リードする時代の真の幕開けを象徴しているということをも」[注46]

このせまい世界、何匹かの蝿が壁にぶつかっている。
ブンブンうなり、甲高い声もあれば、すすり泣く声もある。
蟻はエンジュに登り、大国を誇る。大蟻は木を揺さぶることなどたやすいとうそぶく。
まさに西風が長安に木の葉を降らすように、かぶら矢は天を翔る。
あまたのことは皆慌しく過ぎ去る。天地は巡り、時は迫っている。
一万年など長すぎる。ただ一日という時間の中で闘おう。
この世界はかき乱され、事態は深刻である。
どこもかしこも揺り動き、激しい力で激している。
一切の害虫を駆除し、全ての敵を滅ぼしつくそう。[注47]

中国が発展し、不合理な世界の秩序を根本的に改変するためには科学的発展の道を進むしかない。中国は成功と失敗という二つの経験によってこのことを徹底的に認識するにいたった。科学的発展観はマルクス主義の真髄を体現しており、それは資本主義を超越する発展の道を創造しようとするものである。科学的発展観はまたレーニン主義の真髄を体現するものであり、発展途上の国家や地域が先進国に追いつけるよう力を集結して発展することである。科学

注46　クリス・ブラモール：「暗黒からの脱却――中国モデルチェンジの道」、『国外理論動向』掲載、二〇一〇年五月。
注47　『建国以降の毛沢東草稿』、第一〇冊、二四三～二四四頁、北京、中央文献出版社、一九九六年。

的発展観は毛沢東思想の真髄を体現するものであり、それは確かに人民の福利を向上し、経済格差・地域間格差を縮小することを「発展を推し量る尺度」とするものである。また科学的発展観は鄧小平理論の真髄を体現するものであり、それは一貫して平和と協力による発展を堅持し続けるものである。科学的発展観は「三つの代表」という重要思想の真髄を体現するものであり、それは科学技術のイノベーション、労働力の素養向上、文化的競争力を発展の重要項目とするものである。

マルクス・レーニン主義、毛沢東思想、鄧小平理論そして「三つの代表」重要思想の全体的かつ一貫したつながりといった視点から、また人類社会発展モデルの第三次現代大改新といった視点から科学的発展、転換型発展の持つ歴史的意義および人類に対する配慮を理解することが重要である。

下編　中国の道、その三つの先進性――中国の優勢と中国共産党

本編では古い発展方式を掘り下げて省察し、西洋化や分化といった社会の思潮を鋭く批判し、社会主義市場経済、社会主義民主政治、人民社会建設といった三つの方面から中国の道の先進性について論述を試みる。

一　偉大なる戦略転換

一万年など長すぎる。ただ一日という時間の中で闘おう

――毛沢東

「十二五」計画（第十二次五カ年計画）は改革開放以降七番目の五カ年計画であり、これはまた現代中国の戦略大転換を象徴するものでもあった。国内外の二重の逆境の下、古い発展方式はもはや持続することが困難となり、中国人民の長期的な利益との間に深刻な矛盾が形成されていた。戦略の転換と飛躍はもはや必然であり、一刻の猶予も許されない状況にあった。

「科学的発展を核とし、経済発展方式の迅速な転換を骨子とする」これは中国が二〇二〇年までに小康社会を全面的に滞りなく建設するといった目標に対する戦略的要求であり、中華民族の偉大なる復興を実現する重要な事業である。「早期の転換ほど主導的となり、遅くなるほど受動的となる」。

今日の共産党が一番に学習すべきことは、毛沢東や鄧小平が当時、歴史的時空を貫き未来の新しい世界をイメージ

しつつ計画した大いなる戦略や視野であり、また今日の共産党に最も必要なものは決断を下すこと、犠牲を恐れないこと、あらゆる困難を排除し勝利を勝ち取ること、そして偉大な夢を実現する戦略と勇気である。

中国の戦略的構想とは、中国がアメリカを超えて世界最大の経済大国となること、さらに重要なこととして「ワシントン・コンセンサス」を超越し、アメリカの発展モデルを、そして資本主義の発展モデルを超越することである。これからの十年あるいは数十年のうちに中国は世界最大の輸出国から世界最大のマーケットに、また世界最大の製造業強国から世界最大のイノベーション大国へと転換し、科学的発展、グリーン発展、調和型発展、イノベーション型発展を実現する。

科学的発展観の指導の下、中国共産党は再び新しい中国を、そして新しい世界を創造していく。

「十二五」・大転換

毛沢東はかつて「われわれは敵に対し、戦略面においては蔑視し、戦術面においては重視しなければならない」と語ったことがある。戦略とは何か。「中国革命戦争の戦略問題」の中で毛沢東は次のように指摘している「戦略問題とは、戦争の全体的局面における規則性を研究するものである」。それでは全体的局面とは何か。「各方面、各段階を考慮する性質を含むもの、それは全て戦争の全体的局面である」注1

現在の中国における発展戦略とは何か。第一に中国発展の全体的局面に及ぶ規則性を研究し把握するものである。また中国の五カ年計画すなわち「十二五」計画の構想にあたって、これは現在の中国国家戦略の研究、制定、実施および実践の過程であるが、先の五カ年計画ないしはそれ以前の五カ年計画の実施状況を評価し、発展の経験および教訓を系統立てて総括するものである。ここで重要なことは、今後五年間における国家発展の全体的局面に対して「十二五」計画は正しい判断を下し、次の五カ年計画ひいては未来の国内外における発展の背景、条件および機会を分析し、中国発展の青写真に対する戦略的、全局的、長期的設計を行うことである。

改革開放以来、中国は七つの五カ年計画を制定してきたが、「十二五」計画はそれ以前の六つの五カ年計画とは根本的に異なるものであった。その違いとはつまり「十二五」計画は戦略の大転換を主題および旗印とするものであり、また「科学的発展を核とし、経済発展方式の迅速な転換を骨子とする」五カ年計画であったということである。「十二五」計画は、中国共産党がこの新たな時代に示した最も鮮明な発展戦略であった。

今までの「国民経済と社会発展・五カ年計画」と異なる、「十二五」計画の際立った特徴は全面的発展を強調することであった。この意味において「十二五」計画は、中国社会主義現代化を全面的に建設するはじめての五カ年計画となった。これによりはじめに、経済建設を主な目標とすることを過分に強調する考え方から脱却し、「五大建設（経済建設、政治建設、社会建設、文化建設、生態文明建設）」に対して全面的配置を行い、「五位一体」といった社会主義現代化建設の総体的布陣を敷いた。このようなことは改革開放以来初めてのことであった。

「十二五」計画は、世界的金融危機が勃発し、世界の枠組みや人類発展の道に根本的な大転換・大調整が見られた、歴史的に要となる時期に制定されたものである。「十二五」計画が制定する発展戦略は、国際情勢の〝外圧抵抗措置メカニズム〟によるものであるばかりか、危機を機会に変え、千載一遇の歴史的チャンスを掴み、新しい中国、新しい世界を再創造する中国共産党の壮大な志を表現したものである。

今この世界において、中国の発展に関わる国内および国際的な条件はすでに、そして今も根本的な変化を生じている。

はじめに国際的条件の変化についてだが、満を持してと言うべきかあるいは不意を衝いてと言うべきか、世界的金

注1　毛沢東：「中国革命戦争の戦略問題」一九三六年一二月、『毛沢東選集』、二版、第一巻、一七五頁、北京、人民出版社、一九九一年参照。

融危機は人類発展モデルの大改新を引き起こした。

今回の世界的金融危機の本質は資本主義経済の危機であり、欧米型資本主義経済モデルの顕著な弱点および持続不可能な点を余すところなく暴露した。とりわけアメリカの発展モデルは消費や財政赤字、輸入、特に化石燃料（石油）の輸入に過度に依存したものであるが、こうしたことは国際金融・国際貿易の不均衡、国際金融秩序の不合理といったものの根源であり、またアメリカの実力や強みが衰微していく根源でもある。このためオバマは大統領の座に着くと即座にアメリカのモデルチェンジに着手し、前述した四つの「過度な依存」の緩和と改善に注力した。この時のヨーロッパもまた未曾有の試練に直面していた。EU諸国は一層深刻化する体制の膠着化および経済不況に対応するため、イノベーション、ヒューマン・リソース、そしてグリーン経済の推進を強調し、少なくとも言葉の上では温室効果ガスの排出削減をうたい、グリーン革命（クリーンなエネルギーによる地球環境に優しい社会変革）の主導権を握ろうと躍起になっていた。一方で日本は二十年以上も停滞期にあったため、新しい転換型発展によって硬化した収益構造を打破することを一心に望んでいた。日本は東南アジア地域の主導権を取り戻し、世界で三番目の経済大国、そして四番目の貿易立国といった大国の地位を固守しようとしていた。

また世界市場の需要が急激に減少するといった外的ショックを受けたため、発展途上国、とりわけ新興工業国はやむを得ず戦略スタイルの調整を強いられ、輸出主導型の発展戦略を次々と改変していった。こうした危機に直面した石油輸出国や原材料輸出国もまた、発展方式を調整せねばならず、多様化した経済構造や産業構造を段階的に構築していき、単一製品や単一輸出地域への依存度を極力減らすよう努めた。

このように欧米諸国主導型の旧態依然とした世界経済構造は今や全面的危機のただなかにあり、人類は新しい発展方式を模索しなければならなくなった。これが中国の転換型発展、科学的発展に関わる重要な国際的背景である。

地球レベルの気候変動、かつて経験したことのないような生態系の危機は、十八世紀以来産業革命がリードしてきた欧米の資本主義型発展モデルを根底から揺るがした。気候変動は二十一世紀における人類最大の試練である。十八世紀以降の産業革命による発展方式に対し人類は初めて全面的な疑問を抱くようになり、また経済成長によりこれ以上生態系を破壊することがないよう、温暖効果ガス排出から完全に脱却するか、あるいは継続的な排出削減の実施が必要であると、人類は本当の意味において認識するにいたった。今私たちは十八世紀の産業革命と全く異なる新しい産業革命に直面している。経済恐慌が猛威をふるった時期はまた、新しい科学革命、産業革命が産声を上げる時期でもあった。グリーンエネルギー、情報通信技術、ニューマテリアルテクノロジー、バイオテクノロジーは今まさに急成長しており、十年後もしくは数十年後の未来には商業化され世の中に普及し、新規な成長産業となるだろう。このため各国は皆、科学的発明や技術イノベーションの推進、そして研究開発の投資拡大を国家戦略として位置づけるようになった。先進国は科学技術のイノベーションにおいて依然優勢であり、先導的地位を維持している。このため新興国は後発の強みを活かし､新しい対外開放モデルを利用することで先進国に追いつくべき歩調を速める必要がある。

江沢民は二〇〇二年に党の第十六回全国代表大会の報告の中で早くも、二十年という大変意義のある重要な戦略的チャンスの時期について言及し、「外圧抵抗型発展」という戦略的考え方を打ち出した。これはすなわち「形勢が人を駆り立てており、前進しなければ後退するしかない」ことを意味していた。世界的金融危機であろうが地球規模の気候変動であろうが、これらは皆「外圧抵抗」メカニズム、あるいは「外部圧力」を形成する。こうしたことは客観的に見て、発展方式の迅速な転換を中国に迫るものである。ますます増大する世界規模の圧力はこのような意味において決して悪いことではなくむしろ好い事であり、またブレーキではなくアクセル的役割を果たすものである。

このため中国は、アジアひいては全世界の転換期にあって、機会を捉え主導的地位を獲得するために「一歩先んじる」必要があった。これは胡錦涛が指摘しているとおり「経済発展方式の転換を加速させることは、全世界の需要構造の大きな変化に適応し、世界的市場リスクに対する中国経済の抵抗力を高めるための必然的要求」であった。そしてまた持続可能な発展力を高め、後に体験する世界的金融危機の際に国際競争のただなかにあっても好ポジションを真っ先に確保し、新しい優勢を勝ち取るため必然的な要求でもあった。[注2]

世界で二番目の経済大国・貿易立国であり、そして世界で二番目の総合的国力を有する国として、中国の発展および転換はこれからの十年、世界とアジアの発展および転換を力強く牽引することになるであろう。中国は新しい発展の道を進むことによって世界の経済不均衡を是正していく。中国発展の短期目標は世界経済の回復であり、また長期戦略は世界に新しいグリーン革命を促進すること、そして環境や生態系に対する人類の巨大な圧力を根本的に軽減することである。これらは中国自身の発展に求められるものでもあり、中国の道が世界に対して及ぼす働きを具体化したものでもある。長期にわたる社会主義建設、そして三十年という改革開放の歩みは、科学的発展、転換型発展を実現するために必要な条件を備えた。

中国の発展に関する国内の条件もまた、本質的な変化が起きている。中国の一人当たりのGDPは、中の下の所得水準から次第に中所得の段階に入り、人間開発指数（HDI）[注3]は上の中レベルから始まり、次第に高レベルまで達した（HDI＞0・80）。まもなく起こりうる、いや現在すでに起こっている変化は必ずや消費構造の変動を引き起こすであろう。ある研究によると、都市と農村のエンゲル係数[注4]はより一層の下降を示している。現在中国は生存型国家から発展型国家へと変わりつつあり、こうした変化は居住、旅行、観光、文化といった個人消費の巨大な需要を生み出し、また教育、健康、衛生、公共の安全といった公共事業に対する巨大な需要を形成した。これは中国が産業型経済からサービス業主導型の新型経済へと転換し、また世界の工場から世界の市場へ転換するための必要条件となった。

今後の十年あるいは数十年に中国の都市化はさらに加速し、農村人口主体型から「城鎮（都市および地方農村部の町）」人口主体型といった現代社会に変わっていくであろう。今日、中国の城鎮の人口規模はすでにアメリカの総人口の二倍に相当するが、現在あらゆる方法によって中型都市と大都市を有機的に繋げることを始めている。このようにして形成される都市郡は、都市の人口規模をより一層膨張させるだけでなく、農村人口の加速的な城鎮への移動、そして都市への集中化といった傾向を生み出した。これは中国の内需拡大にとっての主要な原動力となった。

中国の発展が現在直面している本質的矛盾は、古い、輸出主導型の、粗雑な発展モデルが、日ごとに増す物質文化や社会に対する人民のニーズに適合していないことにあり、この矛盾は日を追うごとに際立っている。人類発展の経験や教訓という観点から言うと、こうした矛盾の実質を正視せず、矛盾の結果を正しく予見せず、またこのような本質的矛盾を正しく解決する方式・方法を見つけ出さなかったため、多くの国が「中所得の罠」に陥り、その結果発展の道半ばでつまずき、発展の戦略目標は成功を目前にして失敗し、ひいては景気後退や社会の動揺を招いた。前人の失敗は後人の戒め。手本とすべき失敗の前例はまさに目の前にあった。

経済発展の段階といった観点から言うと、二十一世紀になってからの中国は中所得段階に位置しており、統計的数字だけで言うと中国の三一ある省（区・市）にはすでに低所得地域が存在しないかのようである。それどころか、ごく少数ではあるが一部の地域は高所得段階に進み、国民一人当たり所得の総額は一万米ドル以上となった。実質経済成長率、ＧＤＰデフレーター変化率[注5]および人民元の対米ドル為替変動率といった要素を考慮すると、十年後にはさら

注２　新華社北京二〇一〇年二月三日発電信。

注３　人間開発指数〝Human Development Index〟は国連開発計画が一九九〇年に考案した、暮らしの質を評価するために用いられる指標であり、一人当たりＧＤＰ、平均余命、教育水準を合成した指数である。

注４　エンゲル係数は家計の消費支出総額に占める飲食費の割合を示し、この値が低くなるほど生活水準が豊かであることを示す。一般的にエンゲル係数が六〇パーセントより大きい場合は貧困クラス、六〇パーセント～五〇パーセントは生活維持最低クラス、五〇パーセント～四〇パーセントは経済状況が並みのクラス、四〇パーセントより下が富裕クラスと言われている。

注５　ＧＤＰデフレーターとは名目ＧＤＰ［物価変動の影響を取り除く前のＧＤＰ］と実質ＧＤＰ［物価変動の影響を取り除いた後のＧＤＰ］の比。

に相当数の地域が高所得段階に進むであろう。

これは十年後の中国の発展に対する私たちの展望である。しかし他の中所得国と同様に中国もまた「中所得の罠」という厳しい試練に遭遇するであろう。私たちの調査研究を例に挙げると、改革開放の先駆者、先頭に立って改革を行ってきた先達、つまり「広東」は、このような新しい試練に遭遇している。広東のような最先開発区が直面する課題とは、経済発展方式の転換をより一層積極的に行い、「中所得の罠」を乗り越えていく必要があるということだ。私たちの調査研究により得られた結論では、経済、政治、社会、国際社会といった四つの影響因子から見ると、諸要素（土地、人的資源など）に関わるコストの上昇や限界収益の逓減は普遍的経済則によって決定されるものであり、人的要因によって好転を図ることは不可能に近い。ところが社会、政治、国際社会といった方面の要素は政府機能や政策といった要因と密接な関係がある。もしも適切な政策がなされたならば不安定かつ不利な要因は最大限抑えられ、安定的かつ有利な要因は拡大されるだろう。注6

今回アメリカ発の金融危機に直面し、対外開放の最前線にあった広東は大打撃をこうむった。しかしながら広東はすぐさま対策措置を講じ発展方式の急転換を行ったため、高度輸出指向型経済区域に一般的に見られる経済のマイナス成長、失業率の大幅な上昇、企業の連鎖的倒産・破産といった現象を回避することができた。広東のとった主な措置とは内需拡大への転向であった。私たちは研究を通して、広東の転換型発展は総体的に判断して成功したと考えている。二〇〇九年の経済成長率は九・五パーセントに達し、城鎮の新規就業者数は一七二・三〇万人、城鎮の登記失業率は二・六パーセントであった。注7 さらに二〇一〇年になると経済成長率は一二・二パーセントにまで達した。推算によれば広東のＧＤＰが世界全体に占める割合は一・〇五パーセントとなり、今では世界の「成長性経済区域」に属するようになった。すなわち非発展経済区域のうち、ＧＤＰの世界全体に占める割合が一パーセントに達したか、あるいは超えた経済区域であるということだ。「ＢＲＩＣｓ（ブリックス。ブラジル、ロシア、インド、中国を指す）」、韓国、インドネシア、メキシコ、トルコに引き続き、広東は世界で九番目の「成長性経済区域」となった。

もちろん広東はまだ高所得段階に進んでおらず、都市と農村の格差、または地域間格差といった問題も解決されておらず、「中所得の罠」を乗り越えるためにはさらなる努力が必要である。しかし広東が世界的な金融危機への対処として行った転換の方向性は間違っていない。

世界全体を見渡して見ると「中所得の罠」を乗り越えることができた国は、決して多くない。中国がこの罠を乗り越えることが出来るか否かは、人類の未来と発展に非常に大きな影響を及ぼす。このことは世界銀行総裁のロバート・ゼーリック氏が指摘しているとおり、低中所得社会から高所得社会へと転向した中国の経験は、他の中所得経済国・地域にとって参考に値するものである。

ここで重要なのは、「中所得の罠」が生まれたのは決して単一的な原因によるものではないということだ。今日の世界は各国国内の要因と国際的要因が互いに作用を及ぼしあっており、経済は急激に変化し多元化した矛盾が共存している。こうした状況は各国が共に直面している、発展に対する本質的な試練である。

現在中国は、社会の矛盾が顕在化した時期、また社会的リスクが高まっている時期にある。十数億という国民を抱えた巨大国家が経済や社会の転換を図るには当然それなりのコストを必要とし、これはいわゆる「大は大なりの困難がある」ということだ。

人口流動の規模はますます大きくなり、その移動速度も速くなる一方である。また社会構造の変動は加速し、利害関係は日を追って多元化している。これに伴い公共事業に対する人々のニーズも多様化・多層化し、社会の融合と分

注6　胡鞍鋼「広東における発展モデルの転換および金融危機に対する対処」、「国情報告」掲載、第三五号、二〇〇八年一二月一九日参照。

注7　広東省統計局：「二〇〇九年広東国民経済・社会発展統計広報」、二〇一〇年二月二五日。

化もこれに歩調を合わせて加速化している。また突発するさまざまな公共性・社会性事件は後を絶たない。経済の高度成長および成長度合いの不均衡・格差は、中国社会に内在する都市と農村の矛盾、地域間の矛盾、民族間の矛盾、各利益集団間の矛盾をより一層生み出し、発展のための条件をより複雑で入り組んだものとしている。

今日、通信技術は急速に普及し、マスメディアは多方面にわたって情報を発信し、人間は広範囲を移動するようになった。そのためこうした矛盾による社会的、国際的な影響はますます拡散していった。こうしたことの全てが、新しい時代、新しい環境にあって国を治め国政を執り行うことに対し、新たな課題を突きつけることとなった。このため政府は積極的な機能転換や公共事業の拡充、サービスの質の向上、そして社会の各方面の調整を求められている。転換型発展が第一に求めていることは、政府が従来の統治パターンを改変し、社会管理能力を強化することである。

現在中国はまた、資源・環境間の矛盾が顕在化した時期、また人・自然間の矛盾が拡大した時期に突入した。長期にわたる、単一的で際立った「スピード型」発展方式は、輸出型、投資主導型、資源消耗型といった粗放な成長モデルを形成してきた。こうした発展モデルにより人・自然間の矛盾は、中国の発展を制約するネックとなった。このネックは、中国の持続可能な発展にとって最大制約条件となるだけでなく、「ブラック発展」から「グリーン発展」へといった発展モデル転換の「外圧抵抗措置メカニズム」を構築するものでもある。

山西省での調査研究により以下のことが判明した。国家発展のために重要な貢献をなした資源の豊富な山西省は、世界的金融危機の猛烈な打撃を受けて石炭価格が急激に変動したため、山西省のＧＤＰ成長率は二〇〇八年に八・五パーセント、二〇〇九年にはさらに下がってわずか五・四パーセントとなり、いずれも全国最下位であった。「今日山西省の発展はその速度および質の面においていずれも厳しい問題、試練に直面しており、石炭に偏った、資源依存型発展という粗放な発展方式を改めるべきであり、多元的な新しい産業配置を構築すべきである。科学的発展、転換型発展の核心とは、はじめに指導層の思想や意識を変えることである」と中国共産党山西省委員会は考えている。

二〇一〇年、山西省は「国家資源型経済転型総合配套改革試験区」の設置承認を獲得した。そして今まさに科学的発展の戦略構想の下、当年の「ブラック山西省」から科学的発展を目指す「グリーン山西省」へと全力で転換を進めている。確かに山西省が古い生産方式から受けている束縛は非常に重苦しいものではあるが、今後十年から数十年のうちに新山西省を再建するという山西省委員会の提示した壮大な構想は、人々に大きな励ましを与えるものである。

小康社会の全面的建設といった努力目標を実現する二〇二〇年まで、残りわずか一〇年を切った。形勢は厳しく、否が応でも人を駆り立てる。経済発展方式の転換を加速させなければ、さらに高水準な小康社会の建設は不可能となり、十数億の国民が共に富むといった戦略目標の実現もまた困難を極める。これは共産党員一人ひとりの眼前に突きつけられた厳しい試練、課題である。中国共産党はこの試練を直視し、この課題を解決しなければならない。中央政府の指導層は次のように考えている。「経済発展方式の転換はもはや一刻の猶予も許されない。重要なのは〝加速〟の下、心血を注ぎその結実を見届けること。早期の転換による早期の主導。このようにしてこそより素晴らしい、より偉大な発展を実現できる。機を逸した転換は受動的となり、支払う代価は大きく、発展の全局に影響を及ぼす」[注8]

継続が困難な古い発展方式

従来の発展方式は今後の中国の発展を制約するものである。国内外という二つの因子は互いに交錯し、古い発展方

注8　李克強：「建議」の核と骨子を深く理解し、経済・社会の調和が全面的に取れた持続可能な発展を促進する」、新華網、二〇一一年一一月一四日。

式の継続を困難なものとしている。

この点をしっかりとおさえておくことは、科学的発展、転換型発展を推し進める上で非常に大切である。

一　資源、環境の継続困難

二〇一〇年中国は世界全体の二〇・三パーセントにあたるエネルギーを消費し、四八・二パーセントにあたる石炭を消費した。これらは共に世界一であった。[注9]また世界全体の二〇パーセントを占める二酸化炭素、一五・一パーセントのメタン、一五・〇パーセントの三塩化窒素を排出し、これらもまた世界一であった。[注10]中国は今や世界最大の資源消費国、汚染物質排出国となり、中国の超高度経済成長が資源や環境に与える負担は非常に大きく、その代価は甚大である。このことは国内においては発展に対する最大の制約条件となり、また国際的には中国に対する圧力を日毎に増大させている。

二〇〇四年に制定された「エネルギー中長期発展計画綱要」によると、中国はエネルギー総消費量を二〇一〇年に二四億標準炭トン（標準炭換算では一キログラム＝熱量約七〇〇〇キロカロリー）に抑え、二〇二〇年には三〇億標準炭トン前後に抑えなければならない。また二〇〇七年の「エネルギー発展〝十一五〟計画」においては、二〇一〇年にエネルギー総消費量を二七億標準炭トンに抑えることとしている。しかしその結果は計画からかけ離れ、二〇〇六年のエネルギー総消費量はすでに二五億標準炭トンを突破し、二〇〇七年になると二八億標準炭トンを超え、二〇〇九年には三〇億標準炭トンを突破してしまった。[注11]石炭の消費量だけでもすでに当初の計画より一一年も前倒ししている。また二〇〇一年から二〇〇九年の間にエネルギー総消費量は二倍に膨れ上がってしまい、これは国家エネルギー計画の「重大な挫折」を、そして政策の「深刻な破綻」を意味している。改革開放以来、続けて打ち出された二つのエネルギー特別対策計画の省エネルギー抑制指標は全て未達成であった。これは新中国が特別対策計画の制定を開始して以来の、最も悲惨な歴史的記録である。

二　粗放型貿易モデルの継続困難

中国の輸出がＧＤＰに占める割合は相当高く、二〇〇七年では三七・一パーセントであった。この数値はアメリカ（八・四パーセント）、日本（一六・三パーセント）、イギリス（一六・〇パーセント）、フランス（二一・五パーセント）をはるかに上回り、わずかにドイツ（四〇・二パーセント）を下回るものであった。[注12] 中国の貿易収支ＧＤＰ比は非常に高く、二〇〇八年には八パーセントに達した。輸出の五五パーセントを占める製品は付加価値の比較的低い加工貿易品であり、[注13] このため実質貿易収支は比較的低く、輸出製品のエネルギー消費量だけでも総エネルギーの五分の一以上を占めている。

今では、世界的金融危機の深刻な影響により外部需要は大幅に低減し、これと同時に沿海の輸出加工区における労働力、資源、エネルギー、電力、土地・家賃等のコストは上昇した。これに加え人民元の増価等の要因により、資源を大量に消費して低付加価値製品を輸出するといった粗放な外国貿易発展モデルはもはや継続不可能となった。製品輸出依存度の低下はもはや必至である。

注9　ブリティッシュ・ペトロリアム［現ＢＰ］：「世界エネルギー統計二〇一〇」参照。
注10　世界銀行：「二〇〇八年世界開発指標」、一六五頁、北京、中国財政経済出版社、二〇〇八年参照。
注11　国家統計局編集：「中国統計摘要二〇一〇」、一四四頁、北京、中国統計出版社、二〇一〇年参照。
注12　ＷＴＯ（世界貿易機関）のデータに基づき算出した。［ＷＴＯ、World Trade Report 2009 : Trade Policy Commitments and Contingency Measures］
注13　中国の輸出型企業のうち自主ブランドを有する企業は二〇パーセントに満たず、また自主ブランド製品の輸出が輸出総額に占める割合は一〇パーセントに満たない。［賈慶林：「平和的発展の堅持　提携によるウィンウィン――〝二十一世紀フォーラム〟二〇一〇年会議開幕式の演説」、新華網、二〇一〇年九月七日］

三　低雇用型成長モデルの継続困難

「六五」計画期（一九八一〜八五年）の中国の雇用弾性値は〇・三一であったが、世界的金融危機の勃発前三年間すなわち二〇〇六〜〇八年、中国の高度経済成長に伴っていたのは雇用方面での近ゼロ成長であった。年平均雇用成長率はわずか〇・七二パーセント、雇用弾性値[注14]はほぼゼロに近く（〇・〇六四）、これは改革開放以来の最低値である。

四　従来型国民所得分配構造の継続困難

改革開放以来、中国の都市と農村の住民所得は加速的に増えていった。この成果は人民を満足させ世界が注目するところとなったが、一方で国民所得のＧＤＰに占める割合が減少の一途をたどっていることにも注意を払わなければならない。一九八二年には六二・八パーセントであったのがその後減少し続け、二〇〇五年には四五・二パーセント、二〇〇七年にはさらに減少して四四・五パーセントとなった。農村住民の所得増加率は都市・町住民の増加率よりも劣り、このため都市と農村の格差はますます拡大していき、低所得層の所得増は高所得層に比べ全く遅々としたものであった。

五　工業（重工業）主導型発展モデルの継続困難

振り返ってみると「十一五」計画の主要目標のうち未達成なのは主に、経済構造の調整が一定水準に達していないこと、産業構造の合理化・高度化に進展が見られないことである。これはつまり二〇〇三年以来一〇パーセントを超える高度成長を支えてきたのが、主に第二次産業、重工業の高度成長であったということを示している。データによると国内総生産に対する第二次産業の寄与率は半分以上に達する。またこの三年間、重工業の生産額が工業生産額に占める割合は増加し続けている。二〇〇五年に六九パーセントであったのが二〇一〇年には七二・五パーセントまで増え史上最高点に達した。これは「大躍進」期の最高点（一九六〇年の六六・六パーセント）を大幅に超え、[注15]改革初期の「軽工業化」により発展の方向付けを行った時期と比較すると、今日の重工業の占める割合は二〇ポイント近く増加している。このような不調和により資源の過度な消費、汚染物質の排出は深刻化している。また度を越した工業化や重工業化は、資本の集約および労働機会の人為的な排斥を伴った。一九九九年以降、経済システム全体の「重化」過程は「十一五」計画期においても継続され、GDPに占める重工業増加値の割合はおよそ一九九九年の二〇・三パーセントから現在の三三・九パーセントまで増加していることが研究により明らかとなった。

六　過剰貯蓄の継続困難

「十一五」経済成長の消費寄与率は確かに幾分増えてはいるが、多額の投資に依存した成長モデルは全く変わっていなかった。中国の高額投資型あるいは資本集約型の成長モデルを支持していたもの、それは過剰貯蓄であった。中国の貯蓄率は長期間四〇パーセント以上を維持し、「十一五」計画期にはさらに上昇し続けた。二〇〇五年が四八・二パーセント、二〇〇九年には五一・四パーセントに達し、これは改革開放以来の最高値であり、[注16]また他国をはるかに上回る数値であった（世界銀行のデータによると二〇〇六年の貯蓄率の世界平均は三九パーセントであり、中所得国では四五パーセントである）。またここで注目したいのが、中国の過度な貯蓄の主体は国民ではなく企業および政府であり、特に資本集約型大企業であるということだ。中国人民銀行の周小川総裁が提供したデータによると一九九二年から二〇〇七年の間、中国の家計貯蓄がGDPに占める割合はいたって安定的であり、基本的に二〇パーセント前後をキープしていて、これはおおむねインドと同等の値である。一方企業貯蓄の占める割合は11・3パーセントから二二・九パーセントへと、二倍以上の急激な増加を示している。[注17]政府部門、すなわち公共部門の貯蓄が占める割合

注14　雇用弾性値とは、経済成長率に対する雇用成長率の比率を指す。
注15　国家統計局：「新中国五〇年［一九四九～九九年］」、五五〇頁、北京、中国統計出版社、一九九九年。
注16　国家統計局編集：「中国統計摘要二〇一〇」、三五頁、北京、中国統計出版社、二〇一〇年。

は四・四パーセントから八・一パーセントまでと、これもまた二倍近くの増加を示している。[注18]両者を比較すると政府貯蓄の基数は比較的小さく、その一方で企業貯蓄は大幅に増加しており、これによる牽引力は政府貯蓄より大きいことが見て取れる。[注19]

転換型発展にある今日においても従来の粗放な高度成長型発展方式はいまだ変わらず、経済発展方式が「経路依存性」といった慣性的特徴を有していることを上述した内容は物語っている。これこそ産業構造の合理化・高度化といった目標がスケジュールどおりに実現していない理由である。

古い発展方式は、主に工業主導型成長に、とりわけエネルギー集約型、汚染物質排出型の重化学工業主導型成長に依存していることを意味している。全国各地で実際に実行されている「十一五」計画の状況から見ると、北京など少数の地域を除いたほぼ全国の省級、地級、県級は皆工業主導型の戦略を実施しており、「工業強化型省」、「工業強化型市」、「工業強化型県」、さらには「工業強化型鎮（鎮とは県の下位に属する行政単位）」といったスローガンを次々と打ち出している。このことから分かるのは、どれほど繰り返し科学的発展を強調しようとも、多くの地域では相変わらず無計画的発展を進めているということである。同様に新型工業化を何度となく唱えても、多くの地域では依然として従来型工業化の道に踏みとどまり、またエネルギーの節約や汚染物質の排出削減を提唱し続けても、多くの地域では依然として違法な汚染の継続的蔓延を許している。

科学的発展の血路を切り開く

発展の方向性が確定すると、今度は党の幹部が発展の決定的要素となった。科学的発展、転換型発展を推し進め、「十二五」の戦略計画を迅速に実行に移すための鍵は党にあり、また全共産党員の思想と挙動が科学的発展としっかり一体化されていることが重要となる。古い発展方式、古い発展の道と繋がっている利益集団が、闘う中国共産党を蝕むことなど決して許してはならない。

毛沢東は早くから説いている「前進する軍隊、発展する生産、強化される規律。これらがあれば革命は必ず成功する」。毛沢東のこの言葉は決して時代遅れではなく、ただその表現形式が今と異なっているだけである。現在、中央政府と地方政府は異なるレベルにあり、異なる視点を有している。このため中国の国情や世界の大勢などに対する認識は、その度合いも含めてそれぞれ異なったものとなっている。また政策決定に関する情報もおのずと全く等しいというわけにはいかない。もしも党の基本路線をしっかりと行い「十二五」計画の戦略目標を着実に実行することを強調せず、そしてこのような状況にあっても党の規律をしっかりと主張していなかったならば、次第に発展に対して全く異なる考え方をするようになり、ひいては全く異なる発展路線を作り出していただろう。

現在、「科学的発展」は政治に関する全党の共通認識となっている。しかしながら具体的な実行、推進、特に遂行といっ

注17　企業の所得は一〇〇パーセント貯蓄にまわされるため、企業の貯蓄比の上昇は、企業部門に割り当てられた第一次分配の所得金額の上昇を示している。第一次分配総所得に占める企業部門の割合は二〇〇〇年の一八・九パーセントから二〇〇七年の二二・六パーセントへと増加している。［国務院発展研究センター課題班：「経済発展方式の転換における戦略的重点」、五頁、北京、中国発展出版社、二〇一〇年］

注18　推計値では、第一次分配総所得に占める政府部門の割合は二〇〇〇年の一六・七パーセントから二〇〇七年の一九・五パーセントまで増加しており、政府部門の限界貯蓄率は二〇〇〇年の三二・五パーセントから二〇〇七年の四四・二パーセントまで増加している。これは政府支出のうち投資に用いられる割合の増加を表している。［国務院発展研究センター課題班：「経済発展方式の転換における戦略的重点」、七頁、北京、中国発展出版社、二〇一〇年］

注19　「グローバルシンクタンクサミットにおける周小川総裁の講話実録」、中国人民銀行ウェブサイト参照。

た方面においては、確かに党の風紀・態度に関するさまざまな問題を克服する必要がある。これについては中央委員会のある指導層が次のように指摘している「君が会議を開き、私も会議を開き、皆が会議を開く。君が公文書を発信し、私も公文書を発信し、皆が公文書を発信する。それでは一体誰が実行するのか」。[注20] これは全党員に対する真剣な警告である。

科学的発展を推進するためには心を引き締め、着実に任務を実行して血路を切り開き、以下に示される際立った問題を克服していくことが求められる。

問題一：地方ではGDPが先走りし、「良質かつ急速」といった発展に対する考え方は貫徹されていない。

中国は「大躍進」のときからすでに「経済成長率向上競争」といった歴史的伝統を有しているが、これは現代化建設の経験が不足していたため急いで事を成そうとした結果である。事実に即して言うならばこの問題は、改革開放以降も一度として完全に解決されたことがない。この問題は、中国全土が上から下まで皆発展を求め、発展を急いだため生じたものであり、焦って事を急ぎ、全国を挙げて浮かれたち、のぼせ上がるといった弊害を生み出した。発展に対するこのように単純で粗放な考え方によって、全国の最低ラインに基づき打ち出された中央政府の基本目標は、末端に行くにしたがいますます割り増しされて上積みされていった。つまり省級の目標が中央の目標より高く、地級の目標が省級の目標より高く、県級は地級の目標よりも高いといった具合にである。

こうした問題について一九八九年、中国共産党第十三期中央委員会第五回全体会議では痛烈に過去を反省し、二度と「急激で大きな変化」を起こさないよう決定した。しかし一九九二年に鄧小平が南巡講話を行うと、中国共産党第十四回全国代表大会で「二つの加速」が打ち出され、これに伴い各地で「GDP向上競争」が勃発し、中国は再び「景気過熱」に飲み込まれ「高インフレ」に見舞われることとなった。このため一九九三年に再度調整が必要となり、一九九七年になってやっと「軟着陸」することができた。

過去の経験からから多くの苦い教訓を得ていたにもかかわらず、「GDP向上競争」の潜在的な衝動が常に存在していたため、ひとたび機会が与えられると同じ事を繰り返してしまう。

五年前の「十一五」計画制定時、経済成長率の目標値が階層を経るごとに増大していく現象は再び繰り返された。「十一五」計画期に国家が計画した所期の目標値は七・五パーセントであった。しかし省級政府が計画した目標値はなんと八・五～一三パーセントであり、その平均値は一〇・一パーセントと国家の目標値を二・六ポイントも上回っていた。また三一のサンプルを無作為に抽出したところ地級市[訳注1]の定めた目標成長率は九・五～二〇パーセント、その平均値は一三・一パーセントであった。同様に二三のサンプルを無作為に抽出したところ県級の行政区では最低で九・六パーセント、最高が二八・三パーセント、その平均値は一四・二パーセントであった。これらの数値が示しているのは互いに発展を競い合う各級幹部の逼迫と情熱だけでなく、各地域で繰り広げられるGDP競争が、下位の層にいけばいくほどより激しくなり、その目標値もまたますます高くなるということである。これらは中国発展の道にとって通弊、頑固な病となった。

中央が「十二五」計画にて制定した経済成長率は、「十一五」計画の七・五パーセントから七パーセント下方調整されたものであった。しかしながら三一の省（区・市）における「十二五」計画を見てみると、中央と足並みを揃えたのはわずか五つの省（区・市）だけであった。すなわち五つの省（区・市）だけが、経済成長の指標を緩める代わりにその質を追求すること、つまり「スピード」より「質」を重視した。一方八つの省（区・市）は引き続き急速な成長を目標として定め、相変わらず一〇パーセント以上の高度成長を目指していた。さらに一二の省（区・市）に至っては全力で迅速に達成すべく一二パーセント以上の成長率を掲げ、このうち多くの省（区・市）はおよそ二倍の目標

注20　習近平：「中国共産党中央党校春季学期始業式での挨拶」、『学習時報』掲載、二〇一一年三月一四日。

訳注1　地区クラスの市。地区、自治州、盟とともに二級行政単位を構成する。出典：フリー百科事典『ウィキペディア（Wikipedia）』（2016/07/30 14:33 UTC版）

値を提示していた。

このような目標が現地における発展の実際と合致したものであり、人民大衆に受け入れられ歓迎されるものであるのなら、また発展方式の転換により実現されるものであって「スピード」より「質」が重視されたものであるのなら、このように遠大な抱負はもちろん肯定に値するものである。しかし反対に、こうした目標が業績を追及する政治家達の野心に基づくものならば、その実現が困難であるばかりか新たな問題を生み出すことになる。

今風の言い方をするならば、多くの地方政府責任者は北京の会議（第十七期中央委員会第五回全体会議および中央経済工作会議を指す）に出席するとその場では「北京語」、つまり「科学的発展」を口にするが、しかし現地に戻ったとたん、会議の席上で語るのは「現地語」、つまり「急速な発展」である。これでは従来の発展方式と全く変わっていない。もし一部の地方政府が「十二五」計画の目標を設定する際、旧態依然とした「発展の加速」という考え方に縛られ、科学的発展や転換型発展を強調せず、全力を尽くして古い発展方式を乗り越えようとしないならば、これこそ古い発展方式に対する「経路依存」あるいは「自己固定」と言えるであろう。こうした傾向を中央政府が即座に抑制しなければ、下位層に行くほど増大する「十二五」の経済成長効果は「十一五」に比べより一層ひどいものとなり、その結果発展はさらに加速化するだろう。こうなると中央が打ち出した「経済発展方式の転換」という戦略目標は達成が不可能となる。

問題二：古い発展方式と繋がっている既得権者。

経済成長の過程において各種要素のコスト（土地、資源、エネルギー、労働力等）は急速な上昇を免れることができず、そのため投入分の限界収益は下がり続け、中国発展の優位性は次第に弱まり、しまいには喪失してしまうであろう。例えば沿海地区における人件費の上昇は、労働集約型製品の利益を圧迫し、世界市場における競争力を弱める。

またこれ以外にも、中国はいま城鎮化（都市化）の加速期にあるが、これに伴い汚染の激化、交通渋滞、公共事業の欠落、犯罪の増加といったいわゆる「ハイパー都市化」問題が起きつつある。このことは経済成長が「諸刃の剣」であるということを示している。経済成長は創造性といった一面を有する一方、破壊性といった一面をも有する。そしてまた発展を促進する作用を有する一方、不均衡を助長する作用をも有する。国内外の研究によると経済成長は一般に、政府と社会の間の矛盾、労資間の矛盾、貧富間の矛盾、さらには人間と自然の間の矛盾を拡大することが明らかにされている。このような矛盾を適切に処理しなければ、かえって経済成長に対する巨大な障壁を築くことになってしまい、すなわち「経済成長のマイナス効果」を生み出すことになる。

こうしたことから行政事務や公共サービスといったことが、発展に際して直面する重要な課題となった。改革開放以来、中国共産党の理想および目標は、競合性を有するニューエコノミーを創造することだけでなく、むしろ調和の取れた新社会を打ち立てることにある。矛盾は日々多元化し、発展の速度は加速し続け、発展に関わる人の数は過去に類を見ないほど多いといった環境の下、いかにして党の優良な伝統を、特に末端から組織・動員し、人民大衆に奉仕するといった栄えある伝統を活かしていくかが問われる。

中国共産党は今、「改革の自己矛盾」に直面している。改革とは利益調整のプロセスであり、財産の貯蓄量を問題にすることである。しかしトップダウンによる改革、長期にわたって国外の資本や市場に依存する改革というものは、間違いなく最初の改革推進者をある段階、ある時期において、改革モデルの受益者としてしまう。そして改革の受益者が「利益の固定化」を形成することは当然の帰結である。こうした受益者が古い殻に閉じこもり、改革の全面的な深化、継続、推進を望まず、さらには発展の成果を人民と分かち合うことを拒絶する時、この受益者は逆に既得権者に成り下がり、そして改革の全面的深化に対する妨害者となってしまう。

重慶は中国で最も歴史の浅い直轄市である。重慶は改革を深化させる上で直面する困難を大胆な実践と全力の革新によって打破し、「唱紅《しょうこう》打黒《だこく》（紅〈毛沢東時代の共産主義革命〉を賛美し、黒〈汚職等に関わる犯罪組織〉を撲滅するというスローガン)」などの、末端層に属する民衆に心を寄せ参画する新たな実践を通して、社会の風紀を大々的に改め、公共の組織、行政、サービスといった新たな構想を打ち出した。

重慶の経験が物語っているのは、中国共産党による全面的な改革の推進・深化はゆるぎないものであり、また最末端層の人民大衆に奉仕する決意は不動だということである。中国共産党はニューエコノミーを打ち立てるだけでなく、社会主義和諧社会の建設も実行していく。

問題三：いまだにくすぶる、中国を封じ込めようとする国の野望。

改革開放以来、中国の前途に対し欧米諸国は皆懐疑的態度をとり、たびたび「中国はいずれ崩壊する」といった論調をみせてきた。しかし改革開放から三〇年、中国はすでに世界の経済および政治の枠組みにおいて重要な位置を占め、今日中国の道の先進性はもはや誰一人疑う余地のない事実となった。しかし今度は「中国脅威論」という声が世界で聞かれるようになった。現在、一部の欧米諸国はいわゆる民主主義問題、人権問題、民族問題を引き合いに出して中国に対する中傷・攻撃を絶えず行い、また国際貿易においては中国製品に対するさまざまな規制を次々と打ち出している。「東風が西風を圧倒する」のは今や後戻りのできない歴史的潮流である。しかし中国が直面している国際的環境、特に世論的環境は、これからも一定期間「西風が東風を圧倒する」といった受け身的構造の中にある。このような構造は中国の勃興、不断なる強大化によって根本的に変えられるものではなく、ある方面においてはむしろ悪化の傾向を見せるだろう。

上述した内容は皆、科学的発展という思想路線の推進や「十二五」計画という偉大なる戦略転換の実現には、一切の困難、障害を克服する闘争的精神が必要ということを示している。当時、鄧小平はこのように語っている。「われわれは科学的発展を推進し、闘いを恐れず大胆に勝利を求め、勇気を奮い立たせて血路を切り開いていかなければならない」

主要な戦略目標

今日、共産党員が最も学習しなければならないのは、毛沢東や鄧小平が歴史と時空を貫いて未来の新世界を思い描き計画した偉大な戦略、広大な視野である。中国の戦略的構想は、中国がアメリカを超え世界最大の経済大国となることだけでなく、ワシントン・コンセンサスを、そしてアメリカ式発展モデルを、資本主義的発展の道を超越することである。中国は今後一〇年から数十年のうちに、世界最大の輸出国から世界最大の市場へと、また世界最大の製造業強国から世界最大の独創大国へと変身し、科学的発展、グリーン発展、イノベーション型発展を実現させる。

五十数年前、毛沢東は勇壮にもこのように宣言している。

「私たちのこの国は建設された……。そしていつの日にか世界で最も強大な資本主義国家、アメリカに追いつくことであろう。アメリカの人口はわずか一億七千万人。わが国の人口はこれに比べ数倍も多い。資源も豊富であり、気候はアメリカとほとんど変わらない。追いつくことは可能である。追いつけるか否か。間違いなく……あと五十年（二〇〇六年を指す——引用者注）、六十年（二〇一六年を指す——引用者注）もすれば、間違いなくアメリカを追い越していることだろう[注21]」

当時、誕生から七年しか経っていない新中国には、長い間貧困と非力であった「東アジアの病人」というレッテルが貼られたままであった。一方アメリカは建国から二百年近く経つ世界最強の国家であった。当時の中国は一人当た

注21　毛沢東：「党の結束を強め、党の伝統を継承する」一九五六年八月三〇日、『毛沢東文集』、第七巻、八九頁、北京、人民出版社、一九九九年参照。

りGDPがアメリカのわずか六・二パーセントであり、[注22] 科学技術の新規開拓については全くの未開拓領域であった。このときの毛沢東はGDP等の経済指標に対する知識や、中国とアメリカの違いを知る具体的なデータを持っていなかったであろう。毛沢東は、当時国家の実力を計るために一般的に用いられていた鋼生産量という指標を採用していた。この指標によると一九五五年の中国はわずか四〇〇万トン余りであり、一方アメリカはすでに一億トンの鋼を生産しており、これは中国の二十倍強に相当する。このためアメリカを超えるといった毛沢東の勇壮な宣言は荒唐無稽に聞こえた。

しかしながら歴史の証明しているとおり、毛沢東は偉大な戦略家にとどまらず極めて偉大な予言者であり実践家でもあった。

「語れることはやり遂げられる。人民のため全身全霊で功績を立てる」。中国共産党は今まで一度も「理想」を「理想」のままにしておいたことはない。理想を必ず実践に移し、中国と世界を変える力へと転化させてきた。今このときに過去を思い起こすことで、理想を超越し実践するこのような力を得ることができ、中国は不断の革新、不断の前進を実行する。

六〇年という新中国発展の歴史はまさに、世界で最も先進的な資本主義国家、つまりアメリカをひたすら追いかけ続け、そしてついに追い越した歴史である。歴史は時として思わぬ偶然を用意しているものだ。二〇一一年四月二五日にIMF（国際通貨基金）は以下のとおり予測した「二〇一六年中国の実質GDPはアメリカを超え、中国は世界一の経済大国となる」。これに関しアメリカの『ウォールストリート・ジャーナル』は「これは〝アメリカの時代〟の終結であり、中国がアメリカ経済を超越する具体的な期日である」と評している。[注23] これは五五年前の毛沢東の予言と図らずも一致する。

アメリカを追いかける道はとても長い、世紀をまたぐ遠征であり、発展を示す各指標の上でアメリカを前後して超越する長い長い道のりである。中国は、一八二〇～一九五〇年の「発展の遅れた段階」、一九五〇～一九七八年の「追従する段階」、一九七八～二〇一〇年の「追いつく段階」を前後して経験してきた。そして今日の中国は「追い越し、超越する段階」に突入した（巻末に添付した表一を参照）。

一世紀に及ぶ遠征によって中国は、人類がいまだ経験したことのない飛躍的発展を成し遂げるための条件を整えた。二十一世紀になってからの一〇年、中国はなお経済の高度成長を維持しており、世界貿易機関に加盟した後、対外貿易においても高度成長がみられ、世界経済との融合・一体化をより一層加速させた。中国は世界恐慌の対処にあたっては「中国新政策」の推進によってどの国よりも早く経済復興、貿易復興を成し遂げ、各方面においてアメリカとの差をより一層縮めることができた。これは中国が加速的にアメリカに追いつき、部分的ではあるがアメリカを超越した黄金の一〇年である。

この一〇年間、中米両国間に、世界最大の発展途上国と世界最大の先進国の間に、中国社会主義の道とアメリカ資本主義の道の間に、中国の道とアメリカの道の間に、公開試合が展開されてきた。そして五百年来の世界の枠組みに「東風が西風を圧倒する」という大変革の幕が切って落とされた。

一〇年間の奮闘は並大抵のものではなかった。

第一に、中国は主要な指標において世界ランキングの急上昇を続けた。為替レートを基準にしたＧＤＰでは二〇〇〇年の世界第六位から二〇一〇年の第二位まで上昇し、世界全体に占める割合は三・七五パーセントから九・五パーセントまで増加した。中国とアメリカの相対的な開きは八・二六倍から二〇一〇年の二・五倍にまで縮小され

注22　Angus Maddison.Historical Statistics of the World Economy:1-2008AD.　http://www.ggdc.net/maddison/

注23　「ＩＭＦによって投下された重量爆弾」、『ウォールストリート・ジャーナル』掲載、二〇一一年四月二六日参照。

た。[注24] アンガス・マディソンが示した、一九九〇年における基軸通貨の米ドルにて計算されたＧＤＰのデータによれば、二〇〇八年アメリカのＧＤＰ（購買力平価ベース）は中国の一・〇六五倍であり、[注25] 二〇一〇年に中国はすでにアメリカを超えた。世界銀行の示すデータによると、中国とアメリカのＧＤＰ（購買力平価ベース）の相対的な開きは二〇〇〇年の三・三四倍から二〇〇九年の一・五五倍にまで縮小されている。[注26]

第二に、中国はすでに世界第二位の製造業大国、生産大国となった。[注27] 世界にはおよそ五〇〇種の工業製品が存在する。そのうち二二〇種の製品については中国の生産量が世界一であり、[注28] また二〇一〇年の中国の鋼生産量はアメリカの三・六倍であった。一方中国のハイテクノロジー製造業の規模は世界で第二位である。[注29] そして二〇一一年には中国の製造業がアメリカを超え、百年以上続いたアメリカの世界第一位という歴史は幕を閉じることになる。

第三に、貨物貿易の輸出総額は世界第八位であったのが二〇一〇年には第一位となり、世界全体に占める割合は三・八六パーセントから一〇・四パーセントまで増加した。二〇一〇年の中国の貿易輸入額が世界全体に占める割合も増加して九・一パーセントとなり、これは世界第二位であった。また二〇一一年の見込みでは、中国の貿易輸出入総額はアメリカを超えて世界第一位となることが予想される。外国企業による直接投資は第九位から第二位まで上がり、世界全体の九・四パーセントを占める。外貨準備高は世界第七位から第一位となった（二〇〇七年）。

第四に、発展に関する活動の研究・試験に従事する中国の科学者・技術者の数は世界第四位から前後して日本、ＥＵ（当時は二七カ国）、アメリカを超え、世界一、研究開発の人材を擁する国となった。[注30] 二〇〇八年中国はアメリカに次いで世界で二番目の、科学技術論文発表数の多い国となった。[注31] そして二〇〇九年に中国は日本とアメリカに次ぐ世界で三番目の特許および基本特許の出願件数が多い国となった。[注32]

第五に、インフラ面から見てみると、中国における主要な通信インフラの整備状況はすでにアメリカを超えている。また中国の沿海港湾の貨物取扱量は世界一である。中国の高速道路総延長距離は二〇一〇年現在七万四〇〇〇キロメートルに達し、アメリカの七万五〇〇〇キロメートルに近づいている。中国の高速鉄道総延長距離は七五三一キロメートルに達し、これは高速鉄道営業距離において世界最長であり、現在建設中の規模においては世界最大である。[注33]

第六に、総合的国力から見てみると、中国とアメリカの相対的な開きは目に見えて縮まり、二〇〇〇年には二・五五倍であったのが二〇〇八年には一・五〇倍まで縮小した。中国は今や世界で二番目の強国となった。

今後十年間、中国は依然として発展にとっての戦略的好機にある。これは中国にとって再び大舞台に上がる重要な時期であるとともに、全面的にアメリカに追いつく時期でもある。二〇一〇年から二〇二〇年にかけて中国は全ての指標においてアメリカに全面的に追いつき、これらの指標のうち多くは前後してアメリカを追い抜くことであろう。[注34]

言うまでもなく中国は十数億の人口を抱えた大国であって人口数からすればアメリカの四倍強である。このため中

注24 World Bank,World Development Indicators 2010.

注25 Angus Maddison,Historical Statistics of the World Economy:1-2008AD.

注26 World Bank,World Development Indicators 2010.

注27 経済研究機関IHSグローバル・インサイトが公表したレポートによると、二〇〇九年に中国の製造業が生産した商品価値は約一兆六〇八〇億米ドル、一方アメリカは一兆七一七〇億米ドルと中国より六・八パーセント高い。『国際商報』、二〇一〇年七月十二日

注28 『人民日報』、二〇一〇年一〇月九日参照。

注29 国家統計局ウェブサイト、二〇一〇年一二月六日参照。

注30 National Science Foundation [NSF],Science and Engineering Indicators 2010.

注31 トムソン・ロイター発行の『グローバル・リサーチ・リポート』シリーズレポート1、二〇〇九年一二月。

注32 Eve Y. Zhou,Ph.D.,and Bob Stembridge,Patented in China:The Present and Future State of Innovation in China,Thomson Reuters.

注33 新華社北京二〇一〇年一二月七日発電信。

国が総量的にアメリカを超えたとしても国民一人あたりからすればアメリカとの間にはいまだ大きな開きがある。こうした開きもまた縮められていくものではあるが、それでも総量的な指標は重要である。なぜならば国家のサイズがその国の実力を決定するからである。これはいわゆる「size is matter（サイズが重要である）」のとおりであって、総量が質的変化を促し、また質的変化を左右するからだ。

なぜ中国は科学的発展の道に存在する一切の困難と障害を、確信をもって乗り越え勝利を収めることができたのか。それは中国には六〇年の発展によって日々蓄積されてきた確かな土台があり、中国共産党は常に世界的視野そして全人類発展の歴史に立って、発展の青写真を描き発展の道を新たに切り開く戦略的思考力を常に保ち続けてきたからである。科学的発展観とは、まさにこのような能力が本質に迫って具現化されたものである。

中国の道、その基本的特徴

中国における発展は決して資本主義発展の道の模倣や繰り返しではない。科学的発展の推進とは既存の人類発展モデルに対するイノベーションであり、それを超越するものである。また科学的発展観とは中国発展の道、発展の経験を掘り下げて総括したものにとどまらず、多くの発展途上国のために発展を実現し、普遍的意義を有する戦略的示唆を与えるものでもある。科学的発展観は極めて独創性に富んだものである。科学的発展観が強調していることは、資本主義という世界の仕組みの中で被抑圧者、被搾取者に成り下がるか、あるいは弱肉強食の列強になるかといった二者択一以外にも、人類には輝かしい新未来という別の選択肢があるということである。

中国の道は本質的に二つの要素によって決定づけられ、その一つが「中国的要素」であり、もう一つが社会主義という要素である。

「発展は民生を基本とする」これは科学的発展観が中華文明の優れた面を継承し具体化したものである。中国における革命の偉大な先駆者である孫文氏はかつてこのように語ったことがある「民生とは人民の生活、社会の生存、国民の生計、大衆の生命である」[注35]。

「民生を基本とする」ことの一切は、中国が受け継いできた政治の精髄を忠実に体現している。これはつまり「天が目にするものは民が目にしたものであり、天の耳に入るものは民の耳に入ったことである。天の意思とはすなわち民の意思であり、民の意思とはすなわち民生であって、人民の暮らしは天に勝るものである」であり、これこそ中国の「政道」であり、人の世の「正道」でもある。

内需拡大は「十二五」計画の核心的キーワードである。いわゆる内需には二種類のものが存在するが、その一つが贅沢品に対する一部の人間の需要であり、もう一つが生活、生存に欠かせないものに対する人民大衆の需要である。「十二五」計画が取り上げているのは医療、教育、住宅、社会保障といった基本的な人民の暮らしに関わる主要な問題である。人民に奉仕すること、これが中国共産党にとってただ一つの基本理念である。

「十二五」計画綱要の最も特徴的な点は、「民生の改善」を基本とすることである。このため中国で初めての「民生五カ年計画」と言われている。ここでは住民所得の高度成長を数量化する指標を明確に打ち出し、都市部住民の可処分所得および農村住民の純収入の伸び率を七パーセントより高く設定している。これは「十一五」計画の五パーセ

注34　為替レートを基準にしたGDP、あるいはその他の指標は実際の「実物指標」と比較するとその違いは大きい。これは中米両国間の要素価格の差が大きいことを反映しているだけでなく、要素生産性の開きが大きいことも反映している。実際には主要な「実物指標」においてアメリカを超えるのが先で、「価値指標」においてアメリカを超えるのは後のことになる。本当の意味において中国が全面的にアメリカを超えるには、二〇二〇年からさらに十年もしくはそれ以上の時間が必要と思われる。

注35　孫文：「広州国立高等師範大学の講堂における民生主義の講演」、一九二四年八月三日。

ントという目標年平均成長率よりも高いだけでなく、ＧＤＰの伸び率を上回るものである。

国の数値化指標の比重から見てみると民生を重視することは世界の趨勢であるが、アメリカではいまだに医療保険に関わる問題が根本的に解決されていない。クリントン政権は一九九二年から医療改革に着手したが、アメリカの医療保険未加入者数は二〇〇七年では四五七〇万人に達し、[注36]二〇〇九年には五〇七〇万人にまで増加し、これは九年連続の増加であり、総人口の一六・七パーセントを占めた。[注37]一方で中国は、人類史上最も広いカバー面を有する医療保障システムを構築した。

「十二五」計画にて民生に関する指標を明確に定めたことは主に、中国が社会主義の強みを持った国であるため民生の指標を実現することが可能である、ということを示している。

例えば新型農村合作医療制度に関しては、二〇〇三年に実施された第三回国家衛生一斉調査によると、基本医療保険の加入者はわずか五パーセントであったが、二〇〇五年には急速に増え二三・五パーセントに達した。「十一五」計画では二三・五パーセントから八〇パーセントまで引き上げるといった飛躍的な目標を掲げたが、実際には七二・八パーセントも高い九六・三パーセントにまで達した。これこそ社会主義制度の強みであり、パワーを集中して民生という大事を行った結果である。なぜならば一切の政策決定が人民大衆、特に末端層の人民大衆に寄り添ってなされることを保証できるのは、社会主義制度をおいて他には無いからである。中国政府は今後、さらに新型農村社会養老保険制度および都市住民基本保障住宅三〇〇〇万戸といった課題解決にも着手しようとしている。これらが雄弁に証明しているのは、中国共産党の指導する人民政府こそが中国人民に仕える本物の公僕であり、膨大な人民大衆により多くの、より良質で、より行き届いた公共事業を提供することができるということである。中国のＧＤＰの規模はすでに世界で二番目となった。これに伴い中国は今後五年以内に世界最多の人口十数億に対する公共事業の問題を解決していかなければならない。なぜならば中国共産党の基本理念および中国の道の本質とはまさに、共に発展し、共に分かち合い、共に富むことであって、共に発展し共に分かち合うことが無くては、共に富むことなど実現不可能だからである。

中国社会主義の道が資本主義的発展の道を超越することができたのは、需要、とりわけ最も末端にいる、最も厖大な人民大衆の生存に欠かせない本質的需要に対し、中国社会主義の道が優越性を有しているからである。この優越性は以下の内容を含む。

第一　共に富む

中国が歩んでいるのは社会主義の道であり、アメリカが歩んでいるのは資本主義の道である。これこそが中国とアメリカの社会制度における最大の相違点である。中国が堅持している社会主義の目標、その核心は共に富むことである。私たちの語る先進的生産力とは最も厖大な人民大衆に向けて開放されている生産力のことであり、十数億の中国人民が一同にイノベーションを行うことであって、ほんの一握りの人間の手中にだけ引き渡されるようなものではない。また中国の語る発展とは、それがもたらす恩恵に十数億の人民が常にあずかることを指しており、発展の成果を人民が共に享受することを指している。中国の改革が止むことなく、中国の科学的発展が必ず実現に至るのは、人民大衆の擁護、参画そして支持を得ることができたからである。

第二　グリーンな近代化

世界最大の輸出国であり製造業強国でもある中国の、エネルギー消費量に対する一人当たりＧＤＰの数値は比較的

注36　『ニューヨーク・タイムズ』、二〇〇八年八月二七日参照。
注37　『ＵＳＡトゥデイ』、二〇一〇年九月一七日参照。

小さく、現在汚染物質排出の大部分が輸出指向型企業によってもたらされている。このような「汚染は中国にあり、利潤は国外にある」といった不合理な発展方式に対して中国は、比較的低収益といった条件の下「二種類の社会」、つまり資源節約型社会と環境友好型社会の建設を明確に打ち出した。これは中国の根本的な国情により決定されたものであり、他者に強制されたり感化されたりしたものではない。中国が全人類に対して責任を果たすためには、十数億の人民そして後の子孫に対してまず責任を果たさなければならない。そのためグリーンな近代化を実現するという中国の信念は決して揺らぐことがない。一方今日のアメリカはいまだに資源大量消費型社会に留まっている。アメリカはグリーンな近代化を実現するための構想や措置を打ち出すわけでもなく、ただアメリカ発展の代価を他国に押し付けている。

第三　平和的発展

百年以上にわたり中国人民は、アメリカを含む欧米列強の搾取と凌辱をいやというほど味わってきた。またこの百年余り中国は、民族の独立そして人民の幸福のため闘い抜いてきた。第三世界の国民と共に生き抜き共に独立するといった願いは、互いに支え合い、互いに連携を取り合うものであった。今日、中国は世界平和の使者であり、アメリカは世界の警察である。中国は世界各国と平等に接する友好国である。このため中国は、戦乱や貧困そして経済成長の苦境に陥っている第三世界の国民に寄り添い、常に中国の持てる最大の力を尽くし彼らの困窮に対して援助の手を差し伸べてきた。しかも中国は政治的な条件は一切要求せず、またいかなる政治的イデオロギーも押し付けたことがなかった。しかしアメリカは一貫して世界最大の覇権であり、朝鮮戦争が勃発してからの六〇年来、いずれの政権下にあっても程度の差こそあれ、アメリカは常に他国に対する侵略戦争あるいは軍事介入を行ってきた。中国がこれまでずっと信じ守ってきた、世界全体皆兄弟であるという「友好権」に対し、欧米列強はこの五百年間、弱肉強食的な「自然権」により侵略・略奪を繰り返してきた。このことは歴史にしろ現実にしろその全てが証明しているとおりである。

第四　中国の道、正義の道

数千年の歴史を有するこの世界において中国は唯一の連続した文明国、文化国そして文字を持った国である。これについては毛沢東が語っているとおり「中国は人類のために多大な貢献をなすべきである。しかし過去長い間このような貢献はほとんどなされてこなかった。このことを大変恥ずかしく思う」[注38]。この言葉は今日の文化面にも同様に適用される。中国において文化教育の国際交流面にある時期以来見られる赤字状態は、対外貿易や輸出といった方面の黒字状態との間に非常に鮮明なコントラストを描き出している。今日、中国が人類のためにより多大な文化的貢献を行うということは、広い意味において西洋のいわゆる普遍的価値観に対抗するといった「ニーズ」でもある。鄧小平はかつてこのように語っている「十年間最大のミスは教育である。ここで私が主に話す思想の政治的教育とは、学校や青年、学生に対する単純なものではなく、人民に対する教育全般を指すものである。苦労して事業を興すとはどういうことか、中国はどういった国であって今後どのように変わっていくのか、このような教育は非常に少ない。これこそが中国の大きなミスである」[注39]。たとえ経済が発展しても文化に対する自覚や自負が喪失しているならば、中国は政治的発展、経済的発展の合法性を喪失していると言える。また中国社会主義の道の正義と正当について十分に説明することができないならば、それは中国が文化を築き上げるのに失敗したことを意味している。

注38　毛沢東：「孫中山先生を記念する」一九五六年一一月一二日、『毛沢東文集』、第七巻、一五七頁、北京、人民出版社、一九九九年参照。

注39　鄧小平：「首都戒厳令部隊の軍長以上の幹部に接見した際の演説」一九八九年六月九日、『改革開放以来の重要文献選編』(上)、五二〇頁、北京、中央文献出版社、二〇〇八年参照。

中国の制度面の優越性

私たちは毛沢東が開拓した中国社会主義の道を中国大戦略の基礎と呼ぶことにする。この大戦略は次のような大変重要な仮説を含んでいる。「世界には多くの大国が存在するが、その中でもアメリカを超越する資格、能力を本当に有しているのはただ一国、中国だけである」

一九五六年八月三〇日、毛沢東は中国共産党第八回全国代表大会の事前会議にてこの目標につき再度強調している。その内容は以下のとおりである。

「われわれが党の内外、国の内外の一切を団結させる力をまとめる目的とは何か。それは偉大な社会主義国家を建設するためである。われわれのような国は〝偉大な〟という言葉を用いることができ、むしろ用いるべきである。なぜならばわれわれの党は偉大なる党であり、われわれの人民は偉大なる人民だからである。またわれわれの革命は偉大なる革命であり、われわれの建設事業は偉大なる建設事業である。六億の人口を擁する国家はこの地球上ただ一国だけであり、それがわれわれ中国である。われわれ中国が建設したもの、それは偉大なる社会主義国家である。この国は過ぎ去った百年余りのあのような落ちぶれた状況、人に見下げられた状況、不運な状況を完全に変え、また世界最強最大の資本主義国家、つまりアメリカに追いつくであろう」[注40]

中国がアメリカを追いかけるという構想について、当年、毛沢東はその理由を次のように説明している。

「これはある種の責任である。もしも厖大な国民、広大な土地を有し、資源は豊富で、また聞くところによると社会主義を守り、また他国よりも優越性を有する、そのような国があって、しかもそのような国が五、六〇年も経つというのにいまだにアメリカを超越することができていないならば、これは一体何というありさまであろうか。このような国は地球上からその存在を抹消してしまえ。こういった意味においてアメリカを超越することは可能であるばかりか、全く必要なことであり、全く当然のことである。もしもこのようにしなければわれわれ中華民族は全世界の民族に対し申し訳なく、また人類に対するわれわれの貢献は大きいものとは言えない」[注41]

ここで毛沢東は、アメリカを目標とする重要な理由を三つ挙げている。その一つが、中国の国土面積はアメリカとおおむね等しいということである。このことが意味しているのは中国の主要資源の総量がアメリカに匹敵しているということである。もしもこの資源を効率よく開発・利用することができるならば、アメリカを追いかけ追い越すための基礎となる自然資源になるだろう。実際、ここでどのような問題について議論するとしても、重視しなくてはならない必要条件があり、それは世界をリードする国となるためには三〇〇万平方キロメートル以上の国土面積が必要ということである。世界でこのような条件を満たす国は実際それほど多くはない。すなわちロシア（一七一〇万平方キロメートル）、カナダ（九九八万平方キロメートル）、アメリカ（九六三万平方キロメートル）、中国（九六〇万平方キロメートル）、ブラジル（八五一万平方キロメートル）、オーストラリア（七七四万平方キロメートル）、インド（三二九万平方キロメートル）の七カ国だけである。国土が広大であるからこそ資源も豊富である、これは自明の理である。しかしながら資源を有効に活用できないならば、アメリカに追いつくことも、追い越すことも不可能である。

理由の二つ目が、中国の人口はアメリカに比べ非常に多く、労働力人口もまた非常に多いということである。このことが意味しているのは中国人民の人的資源の水準が大幅に向上しさえすれば、アメリカに追いつき追い越す人的資源の基盤となりうるということである。二〇一〇年、中国の総合大学・専業大学・高等専門学校以上の高等教育を受

注40、41　毛沢東：「党の団結を強め、党の伝統を継承する」一九五六年八月三〇日、『毛沢東文集』、第七巻、八八～八九頁、北京、人民出版社、一九九九年参照。

けている人口は一億二〇〇〇万人に達し、二〇二〇年には二億人を突破すると予想され、この時にはアメリカの就業者数一億六〇〇〇万人を超えるであろう。[注42]

「しっかりと学習し、一日一日向上する」。全人民学習型国家の建設は私たち中国国民に対する毛沢東主席の切なる願いであった。

理由の三つ目が、社会主義制度の優越性についてである。もしもアメリカの制度が資本主義国家の最も優れた制度であると言うならば、これは中国の制度がアメリカよりさらに優れているということを意味している。中国が実践を通して社会主義制度の優越性を絶え間なく発展・革新していくならば、アメリカに追いつき追い越す制度面の基盤となるであろう。

歴史を振り返ってみるとソ連のフルシチョフはかつて、アメリカに追いつくといった目標を掲げたことがあった。しかしソ連には人的資源の優越性が全く備わっておらず、ソ連の「追随指数」[注43]は一九五〇年の三五・〇パーセントにはじまり一九七五年をピーク（四四・四パーセント）に下降し、一九八九年には三五・七パーセントまで下がった。その後ロシアの「追随指数」は一九九〇年の一九・八パーセントから一九九八年の八・九パーセントまで下降し、その後若干上昇したとは言え二〇〇八年にやっと一三・五パーセントに手が届く程度であった。

一九九一年ソ連が解体し、世界初の社会主義国家は消滅した。これは社会主義制度の優勢が喪失したことを意味し、アメリカに追いつくという夢の崩壊を決定づけた。その当時ソ連の自由化を鼓吹していた者の多くは、もともと制度のショック療法により資本主義の自由世界に倣うことを想定し、緊迫感を与えることでアメリカのような一流国家に変身することを幻想していた。しかしこのような幻想が打ち砕かれた後、ロシアは世界の二流、三流国家に成り下がるといった残酷な現実と向き合わなければならなかった。ソ連解体から二〇年経ちロシアの学者は次のように嘆いている「ボルシェビズム（ロシア社会民主労働党左派の思想）から脱却したロシアは先進国のトップに躍り出て、二十一世紀の近代化発展途上国というモデルになることができた、そのようにはじめは思い違いをしていた。しかし現実は全く異なっていた。ロシアはこそ泥や悪党の巣窟と化し道徳は失われ、自らを卑下する心理は非常に深刻である。ボルシェビズムの呪縛から解かれた後、ロシアは良いものも全て失ってしまった」[注44]。

一九五〇年代から八〇年代にかけての日本は全力でアメリカに追いつこうとしていた。一九五〇年日本のＧＤＰはアメリカのわずか一〇パーセントであったが、その後上昇し続け、一九九二年にはピークに達しアメリカの四〇パーセントを超えた。しかし第二次世界大戦後、国家主権の一部を失い、事実上アメリカ軍に占領された日本の発展は、アメリカの支配による冷戦時代およびポスト冷戦時代の秩序をいやというほど押し付けられた。さらにその後の二〇年、つまり悲しみを伴って語られる「失われた二〇年」の間、日本の追随指数はひたすら下降し続け、現在ではわずか三〇パーセントとなった。「日本ナンバーワン」は永遠に実現不可能な神話もしくはお笑い種と成り果て、壮大な志を抱いていた日本はアメリカに追いつけなかったばかりか、一九九一年の四一・四パーセントから二〇〇八年の三〇・六パーセントまで下降した。[注45]私たちが提示した前記三つの優勢について今日の日本はどれ一つ備えておらず、それどころかいまだに米軍の冷戦同盟という戦艦にしっかりと縛りつけられた、政治・軍事共にアメリカに従属する国に甘んじている（上記数カ国の追随指数変動状況については本書巻末に示す図一を参照のこと）。

注42　二〇〇八年のアメリカの就業者数は一億四五〇〇万人。〔国家統計局編集『国際統計年鑑・二〇一〇』、一一八頁、北京、中国統計出版社、二〇一〇年〕

注43　「追随指数」とは先行国〔本書においてはアメリカ〕のＧＤＰに対する追随国のＧＤＰの比を指す。

注44　『参考消息』、二〇〇九年一一月一六日、第六版参照。

注45　筆者がマディソンのデータを基に試算した値。データ引用元：Angus Maddison,Historical Statistics of the World Economy:1-2008AD.

未来に目を向けると、たとえ二〇三〇年以降インドの総人口が中国を超えるとしても、アメリカの保有するような自然資源もなく、また社会主義制度の優勢も備えていないため、インドもまた日本と同様に今後数十年内にアメリカを超えることはできず、中国を超えることなどなおさら不可能である。

歴史を振り返るにしろ未来を展望するにしろ、二百を超す世界中の国家および地域のうち、アメリカに追いつき追い越すことのできる資格を真に有する国は中国だけである。これはまさに毛沢東の語るとおり、このような国家は「地球上ただ一つであり、それはわれわれ中国である」。これは毛主席の強国の夢であるだけでなく、毛沢東を代表とする初代中国共産党が開拓した実践でもある。そして代々奮闘し続けたことにより勝ち得た実現でもある。

これこそ今日のアメリカ、そして全世界が直面している世界の激変、つまり「中国の勃興」である。

中国勃興の根本的な優勢とは、制度の優勢である。大国ならでは有する人口規模や自然資源といったものは必要条件にすぎず、政治的優勢を有してこそはじめてアメリカに追いつき追い越す十分条件を形成することができる。ダグラス・ノース氏（アメリカの経済学者）が述べているとおり、効率的な経済組織こそ経済成長の重要な要素である。五百年にわたる世界の歴史が示しているとおり、効率的な経済組織の、西ヨーロッパにおける発展がまさに、西ヨーロッパ・欧米諸国隆盛の要因である。[注46] 経済学者の多くが経済組織の効率性に着目し、多国籍企業の設立や雇用形態の革新により経済組織の効果と利益を発揮することについて研究を行っている。しかしながらマルクス主義者としての私たちは政治経済学といった総合的視野に一層重点を置いてみたいと思う。すなわち政治組織の効率と経済組織の間にある関係についてさらに注目してみたい。経済の自由は情報の拡散に依拠し、また経済組織の効率化は拡散された情報の処理および　現実的な歴史における現代化プロセスに端を発する。それは一連の抽象的指標に対する複製や処理ではなく、各民族、各国家が能力を競い合うことであり、こうした国家間の競争は政治組織の効率によってその勝敗が決定される。

中国社会主義の道、その根本となる革命的意義は従来型政治体制の刷新にあり、また近代以来の散り散りに分散した国情に決着をつけたことにある。これはグローバル時代またはナレッジ時代（知識時代）に、最も効率的な政治組織を構築するための歴史的基盤である。

一九八〇年に鄧小平は、社会主義の優越性を量る三つの基準を打ち出した。

「われわれの実施する社会主義現代化建設とは、経済面においては先進的な資本主義国家に追いつこうとするものであり、政治面においては資本主義国家よりもさらに優れて実際的な民主を実現することであり、なおかつこれらの国よりさらに多くさらに優秀な人材を育成することである。前述した三つの課題を達成するためには、あるものはいささか時間を短縮することができ、あるものは長引くであろう。しかし社会主義大国であるわれわれは、これらの課題を達成することができ、また必ずや達成しなければならない。このため党あるいは国家の各種制度が結局のところ好いか悪いか、完全か未完全かについては、それがこのような三つの要件を満たすために貢献しうるものであるかどうかによって判断すべきである」[注47]

中国がアメリカを超えるということは本質的には、中国の道がアメリカの道を超えるということであり、いわゆる「歴史終焉論」[注48]や「ワシントン・コンセンサス」[注49]を超越するということでもある。

つまり鄧小平が提起した中国の道の基本的構想が、資本主義的制度を刷新、超越するということである。具体的には、社会主義市場経済に関する制度の刷新により、最も先進的で強大なアメリカに追いつき追い越すことを実現し、社会主義的民主政治に関する制度の刷新により、さらに普遍的、ハイレベル、実際的な人民の民主を実現し、社会主義的

注46　ダグラス・ノース、ロバート・トマス：『西欧世界の勃興』、北京、華夏出版社、二〇〇九年。

注47　鄧小平：「党および国家の指導制度の改革」一九八〇年八月一八日、『鄧小平文選』、二版、第二巻、三二二〜三二三頁、北京、人民出版社、一九九四年参照。

教育科学技術に関する制度の刷新により、アメリカよりも優秀で博識な人材群をアメリカよりも多く育成することである。

後になって鄧小平は自信満々にこう語っている「その時（中国の発展水準が中進国クラスに達した時 —— 引用者注）が来たならば、本当にわれわれは事実に照らし胸を張ってこのように言うことができるであろう。『社会主義は資本主義よりも優れている』と」。[注50]

中国はなぜ世界最強の国に挑むことができたのか。中国の優勢は一体どこにあるのか。この問いに対する答えは、つまり中国共産党は、そして中国はなぜ成しえることができたのか、といった重要な質問に答えることである。中国共産党の指導する社会主義国家中国は強大な組織力、動員力を有する国家である。ということはつまり「この世におけるいかなる奇跡も起こしうる」国家ということだ。社会主義国家中国の国家組織力について以下に示す。

第一に、末端から人民大衆を組織・動員する能力。最も重要なのが、中国が現在保有する資源を最大限に動員し、整え、そして中国発展のため、人民のために用いることである。『ルイ・ボナパルトのブリュメール十八日』の中でマルクスは個体としての農民を、一カ所に集めることのできないジャガイモに例えている。しかし中国共産党はいわゆる「ジャガイモ」を集結し、軍と人民をまるで一人の人間のように団結させることに成功した。

第二に、大衆路線を堅持し、末端層に立脚した民主的政策決定を実行する能力。中国社会主義制度の優勢はとりわけその政策決定メカニズムに示され、このメカニズムの基盤が大衆路線である。つまり大衆の中から生じ大衆の中へ帰っていき、また実践の中から生じ実践の中へ帰っていくことである。政策決定は絶えず大衆と実践によって検証される。中央と末端大衆の間に機能する、効率的で柔軟な政策決定メカニズムが今の中国にはすでに構築されている。このことは「歴史終焉論」の提唱者フクヤマでさえ認めざるを得ないだろう。二〇〇九年、各国が世界金融危機に対応している時期、中国の政策決定の能力と効率はアメリカよりはるかに優れたものであった。[注51] たとえフクヤマが共産党政権や社会主義制度をどれほど否定し続けようともこの事実は変わらない[注52]。

オバマ大統領は就任したばかりの二〇〇九年に、大変な意気込みで医療保険制度改革計画を提示した。全アメリカ

注48　「歴史終焉論」とはすなわち共産主義失敗論であり、一九八八年にフランシス・フクヤマが行った「歴史の終わり」というテーマの講座に初めて登場する。その後フクヤマはこの時の講座を基に「歴史の終わりと最後の人間」という論文を書き、一九八九年アメリカの新保守主義的定期刊行物『ナショナル・インタレスト』にこの論文が掲載された。これにより「歴史終焉論」と題されたこの論文は完璧な理論体系として正式に日の目を見ることとなる。フクヤマから見たソ連解体、東欧激変、冷戦終結は皆共産主義の終結を意味し、歴史的発展はただ一筋の道、すなわち欧米の市場経済と民主政治、を残すのみとなった。フクヤマからすれば人類社会の発展史とはつまり「自由民主制をゴールとする人類の普遍史」であり、また自由民主制とは「人類にとってイデオロギー発展の終点」または「人類にとって最後の統治形式」であった。これは歴史を織り成す最も基本的な原則および制度がこれ以降もはや進歩しないことを意味している。

注49　かつて世界銀行の南アジア局主席エコノミストを務めていたアメリカ国際経済研究所の経済学者ジョン・ウィリアムソン（John Williamson）氏は一九八九年に「ワシントン・コンセンサス」を執筆し、ラテンアメリカの経済改革を指導するさまざまな主張を系統立てて打ち出した。そこにはインフレを未然に防ぐ緊縮財政の実施や公共福祉の支出削減、金融と貿易の自由化、為替レートの統一、自由な外資流動に対する各種障害の排除、さらに国有企業の私有化、企業に対する政府の統制撤廃等が含まれており、世界銀行の支持を得た。ウィリアムソンからみてこれらの思想は、アダム・スミスの自由競争といった経済思想に染まったものであり、欧米の自由主義といった伝統を受け継ぐものであった。このような観点は後世、「新自由主義の政策宣言」と呼ばれた。

注50　鄧小平：「われわれの行っている事業は全く新しい事業である」一九八七年一〇月一三日、『鄧小平文選』、第三巻、二五六頁、北京、人民出版社、一九九三年参照。

注51　Francis Fukuyama, “US democracy has little to teach China” ,Financial Times,Jan.17th 2011.http://www.ft.com/cms/s/0/cb6af6e8-2272-11e0-b6a2-00144feab49a.html#axzz1Ld2gtjMu.

注52　フランシス・フクヤマ：『歴史の終わり』、フフホト、遠方出版社、一九九八年参照。

人が良質で廉価な医療サービスを受けられるためには医療保険制度の早急な改革が必要であるとし、一年の延期も認めなかった。[注53]劇的なことに二〇一〇年三月二三日オバマはアメリカ医療保険改革法案に即刻サインしたが、二年も経ずしてこの法案は行き詰まりを見せるばかりか、廃案になる可能性を常に帯びていた。なぜならば連邦政府と州政府の相互牽制、政党政治のボイコットといがみ合い、利益集団の反対運動等によりアメリカ政府が地方利益、党派利益、既得利益に翻弄され、ついに膠着状態に陥ったためである。さらに悲劇的なことには二〇一一年一月、連邦議会においてオバマ医療保険制度改革を廃止する議案が二四五票対一八九票により可決された。目下アメリカの二六州は連邦地方裁判所に対し医療保険制度改革法案反対の上訴を行っており、今後アメリカ連邦政府は控訴裁判所に対し不服申し立てを行い、最終的には連邦最高裁判所の判決が必要となるであろう。医療保険制度改革法案の前途は暗い。

高速鉄道の建設状況もまたこれと同様である。オバマ大統領は一般教書の中で、今後二五年以内に八割の米国民が利用できる高速鉄道網を建設すると宣言した。二〇一一年二月頭、バイデン副大統領もまた投資額五三〇億米ドルといったアメリカ全土高速鉄道網建設計画を発表している。しかし後にフロリダ州等のアメリカ三大州は連邦政府の補助金に対して受け入れ拒否を表明しており、また中央および地方の財政赤字により高速鉄道建設計画における連邦政府の補助金はさらに縮小される可能性がある。アメリカの高速鉄道建設計画は恐らく白紙撤回されるであろう。今日、中国の「二高」すなわち高速自動車道および高速鉄道はすでにアメリカを超えている。この世界に与えた震撼は経済的、科学技術的そして政治的意義において、当年ソ連がアメリカに先んじて人工衛星を打ち上げたことよりもはるかに大きい。

第三に、人民に対する奉仕を唯一の理念とする中国共産党の実行力。遠大な戦略や発展計画を、どのようにしたら九六〇万平方キロメートルといった国土にあまねく実施することができるのか。各地の条件が非常に異なっている中国にとって「自然（つまり、自ずからなる）」にゆだねるということは非常に困難である。政府、人民代表大会、政治協商会議といった国家機構システムの他に、規律が厳粛で明確な中国共産党の各級組織は、国家戦略の意図を貫徹し、中央の政策を執行し、戦略実行を確証する力強い保証となった。各級政府や各国家機構の核心的指導力としての中国共産党があればこそ、また中国共産党が一貫して人民に奉仕することを党の理念とし、常に目を覚まして最も末端に位置する厖大な人民大衆の傍らにしっかりと腰を据えているからこそ、各機構や各地域が社会主義の道そして国家発展戦略の目標に向かって前進することができる。

共産党が決意の固い実践により、理想を現実的な能力へと転化させることに対して、イギリスのトニー・ブレア元首相は次のようにはっきりと肯定している「中国の設定した目標はたいへんチャレンジ精神に富んだものであり、達成することは決して容易ではない。しかし中国は〝有言実行〟の国だ。中国の状況からして一旦目標を定めたら必ずや言った言葉を守り、そして最後には目標を実現させるであろう。一方私たちの政治文化（欧米の政治文化を指す——引用者注）において目標を確定するとき、それは時として漠然とした願望を表しているに過ぎない」[注54]。

第四に、実践の中で絶えず適合するように調整する戦術能力。路線に関する問題が解決した後は、幹部が決定的要素となる。また戦略に関する問題が解決した後は、戦術が重要な問題となる。いわゆる戦術とは、新たな状況、新たな試練に融通性、柔軟性をもって適応する能力のことである。

「手探りで石を掴みながら川を渡る（手探りでやりながら経験を積んでいく）」は、中国における改革の基本的な理論および手法である。毛沢東は一九三七年に「実践、認識、再度実践、再度認識。このようなやり方は循環が繰り返され、それが無限に続いていく。そして実践と認識を一巡りするごとにその内容はより一層上のレベルへと進んで

注53　バラク・オバマ：「二〇〇九年大統領一般教書」、二〇〇九年一月参照。
注54　再引用元「中国における低炭素成長の〝ボトムアップ型〟推進」、ボイス・オブ・アメリカ中国語版ウェブサイト、二〇一一年三月二九日。

いく」と提唱している。これこそ弁証法的唯物論にみられる全認識論であり、「知行統一（知：科学的知識、行：人による実践）」観である。陳雲もまた一九八〇年に「われわれは改革を必要としている。ただしその歩調は穏やかでなければならない」「試験的対象から着手し、その都度経験を総括しなければならない」と指摘している。これもまた「手探りで石を掴みながら川を渡る」やり方である。[注55]一九八四年に陳雲はまた「手探りで……」を重ねて言明した。「手探りで……」は、改革によって経済調整を可能にし、また改革自体を助けるものである。改革という名の「川」の対岸は、社会主義初級段階のマクロ的目標、つまり現代化をおおむね実現することである。「石」の基準は発展（発展は最優先事項である）と安定（安定は何よりも重要である）である。発展の速度、安定の程度により改革の強弱が確定し、改革の戦術、方策、段取りが選択、調整される。これは経済学からすると「トライアル・アンド・エラー」と呼ばれ、中国の実践においては「試験法」と呼ばれるものである。すなわち個別の地域、個別の部門、あるいは個別の産業、業種に対してまず試験的に行い、その効果を見極め経験を取得した後、はじめて正式な制度として全体に展開する。それぞれの選択は、前回あるいはそれより前に行われた選択とその結果によって決定される。これこそゲーム理論的思考の応用である。

「トライアル・アンド・エラー」の最大の特徴は、情報や知識の不完全性、非対称性、不確定性といったものを解決することであり、また情報のコストやリスクを低減することである。「トライアル・アンド・エラー」による戦略決定は漸進的であるだけでなく着実でもあり、それでいて一貫性、連続性を有する。「実行の中で学習し、学習の中で実行する（実践から認識へ、そして再び実践へ）」に則したプロセスは、戦略目標を実現するための戦術的経験である。

イメージ豊かに述べると中国の道はつまり「東洋の巨人」の道である。この巨人は非常に知慮に富んだ「大脳（党の中央指導部、国務院を指す）」を持ち、学習機能、記憶機能、反応機能、コミュニケーション機能、思考機能、政策決定機能、指揮・調整機能を有している。この巨人が踏み出す小さな一歩は、普通の人間にとっての大きな一歩に相当する。李瑞環の指摘するとおり、この巨人が正しい道を一歩一歩着実にしっかりと歩み続けるならば、自らの戦略目標は必ずや実現される。李瑞環いわく「中国は巨人であって、足取りが確かならばその一歩は大きなものである。転びさえしなければ、それだけで素晴らしい成果である。最も恐るべきことは自分で自分を痛めつけ、勝手に熱くなることである」[注56]。

この「大脳」は世界で最も特殊な材料によって構成されている。この「大脳」は数千年来の中国の文明、文化、民族の知恵を継承し、そして百年近い中国共産党の革命および執政の経験と教訓といった歴史的財産を有し、また十数億に及ぶ人民の知恵と創造力が集結したものである。政策決定メカニズムの絶え間ない科学化、民主化、制度化に伴い、この「大脳」はさらに健全、理性、知恵を増し加え、主観はより客観に合致し、理論はより実情に合致し、政策はより民意に合致したものとなっていった。これにより小さなミスが適時調整・矯正されて大きなミスを回避するといったことが可能になり、そしてまたそれは現実となった。

この巨人は「二本の手で事を成す」。例えて述べると人（経済体系）に「二本の手」がある方が、「一本の手」よりも好ましい。この「手」が政府といった有形の手であるにしろ、あるいは市場といった無形の手であるにしろ、「二本の手」が協力し合い、お互いを補い、共に力を合わせるならば、二大優勢を利用し、また二つの機能を発揮することが可能になる。中国は力を集結して大事を成し遂げるといった社会主義的優越性を有する。そのため公共事業の提供、公共投資の実施、あるいはさまざまなトラブルの処理や各種脅威への対応に際して、いつでも「一方に難あれば、八方に支援あり」と、全国力を挙げて全国的特別公共プロジェクトを興すことができる。また市場経済は偉大な学校

注55　陳雲：「経済情勢と教訓」一九八〇年一二月一六日、『陳雲文選』、第三巻、二七九頁、北京、人民出版社、一九九五年参照。
注56　李瑞環：『哲学を学び、哲学を用いる』（上）、二六四頁、北京、中国人民大学出版社、二〇〇五年。

である。[注57] 企業間においては互いに競合するとともに互いに学習し、地方政府間においてもまた互いに競合、学習しあうことが可能である。確かに中国はわずか三十数年しか市場経済を学習していないが、市場経済の進化した国が経験してきた二百年余りを一気に駆け抜けてきた。

この巨人は「二本の足で歩く」。人は「二本の足で歩く」方が「一本の足」よりも上手く歩ける。左右どちらの足にしろ、ある時は前にある時は後ろにあるもので、だからこそ互いに歩調を整える必要があり、そうしてこそ着実かつ早く歩くことができる。重要なことはどちらかの足が長かったり短かったりするようなことがあってはならないということだ。[注58]

毛沢東はかつて「スターリンの失策は重工業を重んじ軽工業を軽んじたことであり、また長期的利益を重視し短期的利益を顧みなかったことにある」と語った。これは『八仙過海（中国の戯曲）』に登場する〝鉄拐李（八仙の一人）〟の歩き方である。鉄拐李同様に片方の足が長く、片方の足が短い。その手には杖を持ち、歩き方が不均衡である。毛沢東の十大関係（一九五六年四月、毛沢東が中国共産党中央委員会政治局拡大会議で論述した革命と建設に関する一〇項の関係）に関する論述は、次のような考え方を明確に示している。それは農業と非農業、都市と農村、各地域間、それぞれの所有制経済間、経済と社会発展、技術導入と自国開発、それぞれの相互協調に関するものである。例えを用いて述べると中国の道とは「二本の足で歩く」ことである。つまり片方の足は前方にあり、もう片方の足は後方にある。前足が後足を先導し、後足が前足を推し進める。時にはバランスを失うこともあるが、たとえどちらかの一歩が深かったり浅かったりしても歩くほどに強く逞しくなり、進めば進むほど上達する。前進するにしたがって自信がつき、道はますます広くなる。

この巨人は「二つの積極性」を有する。例えて述べると大国を統治するには「二つの積極性」の方が「一つの積極性」よりも好ましいということである。「われわれの国はこのように大きく、人口はこのように多く、状況はこのように複雑である。中央と地方といった二つの積極性を有することは、ただ一つの積極性よりもはるかに素晴らしいことだ」と毛沢東は語っている。[注59] 中国は特殊な大国であるため中央という積極性を必要とするだけでなく、地方の積極性を十分に活かす必要もある。中央は、地方政府の自主的な革新や進んで実行・試行する積極性を認め奨励すべきである。これはもちろん「八百の諸侯が各自で政を行う」といった地方行政の分権体制を意味しているのではなく、地方の「悪い」積極性を規制し「良い」積極性を活かすことを言っている。つまり地方の積極性を全体的な発展戦略に導引することで二つの積極性は互いに補い合い力を合わせ、互いに激励し相手を受け入れるようになるということである。これは連邦制や「各自が自分の家の門前にある雪を掃く」を意味するのではなく、「一方に難あれば、八方に支援あり」を意味し、それぞれの地域が互いに支え合い協力し合うことを意味している。

科学的発展、任重くして道遠し

中国発展の道は戦略的問題に重点を置くのみならず、戦術的問題をも重視する。戦略面においては敵を軽視するが、戦術面においては敵を重視する必要があると主張してきた。

注57　一九五九年三月三〇日に毛沢東は次のように注釈を加えている。「この法則〔価値法則を指す〕は偉大な学校である。これを利用することによってのみ、われわれの数千万という幹部や数億という人民を教え諭すことができ、われわれの社会主義そして共産主義を建設することができる」『毛沢東文集』、第八巻、三四頁、北京、人民出版社、一九九九年。

注58　毛沢東は「二本の足で歩く」といった表現を用いて、工業と農業、沿海工業と内陸工業、経済開発と国際開発という共に重要な関係をイメージ豊かに形容した。

注59　毛沢東：「十大関係論」一九五六年四月二五日、『毛沢東文集』、第七巻、三一頁、北京、人民出版社、一九九九年参照。

今の中国がまず一番に着手すべき課題は、世界金融危機に対し世界中の各国と一丸になって迅速に世界経済を回復・成長させ、またできるだけ短期間で古い発展方式を科学的発展方式へと転換させることである。今日、中国における一連の戦術調整や具体的なプロジェクトは皆転換型発展といった戦略的大局に基づいている。もしも適切かつ迅速に戦術調整を実施し戦術的問題を解決しなければ、中国は戦略目標を達成できなくなる。

中国の発展モデルが「スピード型発展」や単純に成長速度を追い求める傾向から「科学的発展」へと転換するためには、少なくとも一五年(三つの五カ年計画)という時間が必要である。それは大まかに三つのステップに分けられる。第一ステップが「十一五」計画期であって、初歩的に科学的発展の軌道に乗せるステップ。第二ステップが「十二五」計画期であって、おおむね科学的発展の軌道に乗せるステップ。第三ステップが「十三五」計画期であって、全面的に科学的発展の軌道に乗せるステップである。

中国の発展段階は間もなく全面的転換の時期に突入する。「十一五」計画期には経済発展方式の初歩的な転換を実現し、経済発展に関わるソーシャルコスト、資源の消費、生態環境の代価は明らかに低減した。この時期には安全な生産環境へといった好転や生産総額における地域間格差の縮小が見られ、また資源の集約利用のレベルアップ、環境汚染物質排出の削減、自然環境の初歩的改善、生態系回復の効果顕現という成果が得られた。

「十二五」計画期は科学的発展の軌道に乗せる重要な時期であり、また積極的に推進すべき時期でもある。このため「十二五」計画は、中国が従来の発展モデルから科学的発展モデルへとモデルチェンジを行うための新旧の架け橋という重要な役割を担っている。世界規模の金融危機が形成した「外圧抵抗措置メカニズム」を利用できるか否か、世界の枠組みを調整するといった歴史的チャンスを掴むことができるか否か、そして発展モデルの転換および経済構造の調整を加速することができるか否か、これらは中国が二〇二〇年に科学的発展を全面的に実現できるか否かを決定づけるものである。

科学的発展の戦略目標を実現するために、中国は戦術面においても新たなメカニズム、方法を大胆に探究していく必要がある。世界の大国を見渡してみるとどの国も一般に域内総生産をカウントしておらず、域内総生産によって当該地域における官僚の政務上業績を比較したり考査するなどはなおさらである。というのも域内総生産の統計は計算の重複を生じやすく、非科学的であって真実を伝えるものではないからである。中国は非常に大きな国であるため、省級の域内総生産を統計するやり方は今のところ一定の合理性を有するが、省より下の級の域内総生産を統計する必要性は見当たらない。長期的視点に立って見てみるとやはり世界と足並みをそろえるため、中国もまた段階的に省級GDPの統計を廃止し、全国GDPの統計のみカウントしていく必要がある。二種類の異なったGDPを扱うことは科学的発展の推進や戦略目標の実現に悪影響を及ぼすからだ。

それでは域内総生産による考査目標を廃止した後、地方政府の業績は一体何によって評価すべきか。私たちの考えでは地方政府の最大の業績とは民生の改善であり[注60]、また地域的な基本公共事業や重要公共財を提供すること、行政機関の強化、市場の監視、良好な投資環境の創造、グリーン発展の実行、エネルギー節約・有害物質排出削減の強化、生態環境の保護等である。さまざまな行政階層から見て、また中国における過去の政治的経験から見て、行政階層が下に行けば行くほど、そして末端の行政機関であるほど、公共事業の機能を強化する必要があり、経済的機能は弱められなければならない。これが地方政府の機能転換における基本的な方向性であり、地方行政の体制改革における根本的な方向性である。そしてこの方向性は科学的発展観により決定づけられる。

中国の発展という奇跡の「秘密」は、中国共産党および中国政府が一貫して社会主義の道、人民に奉仕する理念を堅持し続け、この唯一の理念に基づいて戦略目標を設定してきたことにある。またこの「秘密」は、変化する外部環

注60　胡鞍鋼：「民生改善は政府最大の業績である」、『国情報告』掲載、二〇〇七年第一一号、二〇〇七年三月一五日参照。

境に適応し、自身の問題を適時発見してそのずれを都度修正することのできる強大な戦術適応能力にあるとも言える。この適応能力によって自発的、知慮的な戦術の調整・適合が可能となる。中国の「十二五」計画にて打ち出された「科学的発展を核とし、経済発展方式の迅速な転換を骨子とする」とは、まさに中国発展モデルが戦略と戦術を兼ね備えていることをまざまざと表現している。

「十二五」計画にて提唱する経済発展方式の転換は新たな思想的解放である。各地方政府が「GDP第一」といった教条主義を打ち破り、「成長優先」といった経路依存から脱却することを要求し、また域内総生産による統計の段階的な廃止をうたっている。一方で中国共産党に対しては、血路を切り開く気概をもって地方の保護主義、既得権益、対海外制約に対し原則性（鄧小平による、中国社会主義建設に必要とされる基本的指導指針）を帯びた闘争を実施することが求められている。さらに民生の改善、公共事業、行政機関、市場監視、エネルギー節約・有害物質排出削減、気候変動への対応といった科学的発展の目標達成度を、各級政府の指導グループの調整や指導幹部の選任、育成、教育、報奨・懲戒を行う際の重要判断基準とすることによって、全共産党員の思想から行いに至るまでその全てを科学的発展の戦略的配置下に統合することが求められている。

二　中国民主政治の道

われわれが思うにこの制度は素晴らしく中国の実情に即している。われわれは優れたものをたくさん持っている。これはわれらの社会制度の優勢であり、決して手放してはならない

――鄧小平

今や国の内外を問わず、人々は皆政治制度、政治体制、つまり「政体」を非常に重視している。一切の問題、それは例えば経済成長や社会の公平性、腐敗、幸福等、例を挙げればきりがないが、これらが皆「政体」と関係があると考える者は多い。「政体」が良ければその他一切も良くなり、逆に「政体」が悪ければ一切が良くなりえないと言う。さらに言えば欧米やインドは政体が優れているため、これらの地域ではどのような問題が存在していようとも長期的にはすべて解決可能であり、一方で中国は政体が好ましくないため、得られた成果の多少にかかわらず、長期的に見ればそれらは当てにならないため、遅かれ早かれ方向転換を強いられると考えている。こうした考え方は政体決定論と呼ぶことができるが、これははたして正しいのであろうか。一見すると説得力がありそうだが、実のところ真実とは全くかけ離れている。例えば一部の人間にとって「民主」的政体の特徴とは、異なる政党が競い合って選挙を行うことであり、しかもこのような政体は「良いもの」であると言う。王紹光氏は『民主四講』の中で大量の論拠を示し、このような政体は経済成長、社会の平等、幸福と全く無関係であり、政体に必ずしも決定的作用があるとは言えないことを説き明かしている[注61]。

どのような問題を討議するにせよ人の作った枠組み、それは流行している概念や分析のフレーム、理論体系などを含むが、そこから抜け出す必要がある。とりわけ政治的問題といった範疇に属する流行概念、分析フレーム、理論体系は皆イデオロギーの産物であり、気を付けていなければその事前に仕組まれた結論に容易に帰結してしまう。

では「政体」とはどんなものであるか。それは政治体制あるいは政府の形式であり、英語で記すと form of

注61　王紹光：『民主四講』、北京、三連書店、二〇〇八年参照。

governmentである。政体問題について述べるにあたり、まず非常に有意義な観察から着手したいと思う。なぜならば「政体」といった概念は中国の歴史において今まで一度も取り上げられたことがなかったからである。

中国に「政体」という概念を最も早く取り入れたのは梁啓超であった。梁啓超は一九〇二年に発表した『中国専制政治進化史論』の冒頭で「政体の分類は、中国人の識見にいまだかつて存在したことがない」と指摘している。一九二九年、歴史学者の呂思勉が発表した『中国政体制度小史』(後に『中国制度史』に編纂される)の冒頭にも「政体の分類が可能であることについては今まで知られていない」と記されている。このように梁啓超にしろ呂思勉にしろ政体について論述しようとする際、中国の先哲を例証に挙げることができず(なぜならば政体問題について討議されたことがなかったから)、ただ西洋の先哲を例に挙げて証明するよりほかなかった。

西洋では、早くは紀元前五世紀にヘロドトス(紀元前四八四年頃~紀元前四二五年頃)が政体の分類について語っている。その後デモクリトス、ソクラテス、プラトン、アリストテレス、マルクス・トゥッリウス・キケロ、トマス・アクィナス、ニッコロ・マキャヴェッリ、ジャン・ボダン、バールーフ・デ・スピノザ、トマス・ホッブズ、ジョン・ロック、シャルル=ルイ・ド・モンテスキュー、ジャン=ジャック・ルソー、そして近現代のジェニングス、ハロルド・ジョセフ・ラスキ、サミュエル・フィリップス・ハンティントンらが政体分類を政治研究の基礎としてきた。

中国の先哲はなぜ今まで政体問題について論じてこなかったのか。これに対し梁啓超と呂思勉は同様の説明を行っている。古代中国では数千年間ただ一つの政体が存在するのみであり、それは君主専制型政体であった。このため分類のしようがなかったのである。梁啓超の時代から今日に至るまで中国の古代、さらには現代の政体について語ろうとするとき、象徴的に最もよく使われる言葉が「専制主義」であろう。中国の専制主義は秦朝の時代から始まったと考える者は多い。また夏・商・周の三代にはすでに専制型政体が執られていたと考える者もいる。中国は政体が「専制的」であるばかりかその文化でさえ「専制的」であると彼らは考えている。「専制」という概念は、中国の過去および現代の政治に対するイメージをコントロールしているように思われる。それはジャン＝ポール・サルトルが表現しているとおり、いささか「言葉の覇権」のようでもある。

二〇〇八年清華大学の侯旭東教授は「中国古代専制説における知の考古学」を発表した。[注62] この論文の第一節で西洋の「専制政体」説および「中国専制説」を振り返り、第二、三節では中国人が「中国専制説」を受け入れるに至る過程を整理している。この論文は歴史学の世界にある程度の波風を立てた。中国のこれまでの政治は皆「専制的」であり、この「専制的」といった言葉は適切に言い表している、と批評家達はかたくなに思い込んでいる。それでは私たちも悪例の創始者であるモンテスキューの唱えた「中国専制説」がはたして正しいか否か、考察してみよう。

専制政体を政体分類の主要な類型としたのはモンテスキューが最初である。しかしながら実際には、この「専制」という言葉は古代ギリシャにすでに存在していた。この「専制」が当時主に指していたのは「家政」であり、すなわち一家の主が家僕を治める方法のことであった。興味深いことにハンナ・アーレント（ドイツ出身のユダヤ人哲学者）は、西洋における「経済」の独立は〝経済とは「家政」である〟といった理解に基づいていると考えていた。こうした意味において経済の独立が意味していることは、〝社会という自由領域に相対する「家政」としての経済領域、これは「専制」的なものである〟ということだ。もちろんこれは別問題である。[注63] アリストテレス（紀元前三八四年～紀元前三二二年）が西洋における政体分類の学説を集大成したことは一般に知られているが、専制体制はアリストテレスの著書の中で分類の主要類型とされていない。アリストテレスの政体分類は、古代ギリシャにおける一七〇余りのポリスの立憲政治を観察することを基礎としている。この一七〇余りのポリスは現在の中国の一七〇余りある町・村

注62　侯旭東：「中国古代専制説における知の考古学」、『近代史研究』掲載、二〇〇八（四）参照。
注63　ハンナ・アーレント：「公的領域と私的領域」、編集主任　汪暉・陳燕谷『文化と公共性』より、北京、三連書店、一九九八年参照。

に匹敵し、各ポリスの人口は数千人ないし数万人であった。プラトンの考えによると理想的なポリスの規模とは、都市中心広場の収容量を基準としたものであり五〇四〇戸以内に制限される。アリストテレスは古代ギリシャの大変小さな半島に多くの政体を目にしたが、それでも「専制」的政体を見かけることはなかった。アリストテレスは古代ギリシャ以外の土地に赴いたことはなく、ペルシャ等についてわずかに耳にする程度であった。当時は交通網が発達しておらず現代のような通信設備も充実していなかったため、アリストテレスは自分の耳にしたことが信用に値するものであるか否か判断する術を持たなかった。それでもアリストテレスが「専制」というレッテルを「バルバロイ」に貼ることを妨げることにはならなかった。それというのもアリストテレスは、ギリシャ人は自由を熱愛するが全ての野蛮な民族（非ギリシャ人）は皆ギリシャ民族よりも奴隷根性を持ち合わせており、またアジアの蛮族はヨーロッパの蛮族よりもなおさら奴隷根性に秀でていると考えていたからである。アリストテレスによればこの奴隷根性によって蛮族は専制統治に甘んじて耐え、反乱を起こすことなど考えつきもしなくなり、また別の言い方をすると専制体制とは、奴隷根性を帯びた民族に適した政体ということになる。

「東洋の専制」考

アリストテレスは「専制」という考えについて実証や検証を行ったことがなかったが、アリストテレスに続く西洋の哲学者たちは「専制」を「東洋」（あるいは「アジア」）と関連づけるようになった。

十五世紀から十六世紀にまたがって活躍したニッコロ・マキャヴェッリ（一四六九〜一五二七年）は『君主論』の中で政体を二種類に区分している。「その一つが一人の君主、および臣と下僕からなる一つのグループによる統治である。後者は君主の寵愛と欽命を賜り、大臣として君主の王国統治を助ける統治方法である。そしてもう一つが君主と諸侯による統治である。後者の保有する地位は決して君主の寵愛によるものではなく、古くから家系により受け継がれてきたものであった」。[注64]マキャヴェッリは前者の例にオスマン帝国皇帝を挙げ、後者にフランス国王を例として挙げている。マキャヴェッリもまた当然のことながら東洋を訪れたことがなかった。彼はこの区分において「専制」という言葉を使ってはいないものの、言わんとするところはアリストテレスと大差が無かった。それから六〇年後、フランスの思想家ジャン・ボダン（一五三〇年頃～一五九六年）は『共和六書』の中で改めてフランスの君主政体とオスマン帝国の専制政体（ボダンは"seigneurial monarchy"と呼んでいる）を区別している。

このように西洋の政治思想史において「専制政体」という言葉は「東洋」諸国に対するある種のレッテルとして特別に用いられてきた。しかも当時の西洋の思想家にとっていわゆる「東洋」とは主に西アジアを指し、とりわけペルシア、オスマン帝国のことを指していた。今日の中国人はたいてい「専制」と「暴政」を区別しないが、西洋の思想家は一般にこれらを分けて考える。暴政（tyranny）はいかなる地域であれ悪い君主の個人的行為を形容するのに用いられるが、「専制（despotism）」は東洋の政体を形容するために特別に用いられる。彼らの考える東洋とは奴隷根性に秀でた国民から構成される地域であり、このような社会に対してのみ「専制」が適用された。

しかしながらモンテスキュー以前、西洋の哲学者たちは一度も「専制政体」を政体の主要類型として扱っていない。今日一般に使用される「専制政体」という概念は、モンテスキューによってもたらされたものであって（梁啓超がよりどころとしたのはまさにモンテスキューの観点であった）、しかもこの「専制体制」はモンテスキューによって初めて三種類ある主要政体の一つとして挙げられた。その三種類の政体とはすなわち共和政体（これはさらに貴族政体と民主政体に分けられる）、君主政体、専制政体である。モンテスキューは『法の精神』の冒頭でこの政体問題につ

注64　ニッコロ・マキャヴェッリ：『君主論』、一八頁、北京、商務印書館、一九八五年参照。

いて取り上げている。

一般に知られているとおり、モンテスキューの行った政体分類はたいへん奇妙なものであって、西洋の政治思想史に熟知した多くの学者（例えばヴォルテール、エミール・デュルケーム）を混乱させるものであった。プラトンやアリストテレスが行った政体区分の基準はいたって簡潔明瞭であった。例えば統治者の人数、法治国家であるか否か、統治者の執政は公的であるか私的であるか、といったものである。これに対してモンテスキューの概念はいささか混乱しており、その論理は不明快であった。モンテスキューの判断基準は、気候が政体を決定し、しかも政体が一切を決定するというものであった。仮に統治者の人数によって政体を区分するならば、君主政体と専制政体は当然一つにされるべきであるし、貴族政体と民主政体はむしろ厳格に区別されるべきである。またモンテスキューが政体を論理的に分類したいならば、君主政体と専制政体を区別すべきであるし、貴族政体は寡頭政体と、民主政体は暴民政体と区別されるべきである。このような基本的問題に対してモンテスキューは、最低限必要な思考を一切放棄している。

中国社会科学院の許明龍氏は中国におけるモンテスキュー研究の大家と言えるだろう。許氏は二〇〇九年に『法の精神』の最新訳本を出版しているが、許氏は訳者あとがきの個所でこのように述べている「語義についてのみ言うならば、中国語の中で君主主義と専制主義は全く区別されていないように思われる。中国で最多発売部数を誇る『現代漢語辞典』では〝君主専制〟について〝君主が国家政権を独占し、いかなる制約も受けない政治制度〟と説明し、また〝専制〟については〝君主が単独で政権を掌握すること〟と説明している。辞典における釈義はこのようであり、普通の人が一般に理解している内容もこれと同様である。この二つの言葉の違いについて注意深く識別する者はそう多くはない。なぜならば私たち中国人からすれば一人の人間が政権を掌握していればそれが専制であるからだ。例えば隋の煬帝在位の政体を専制政体と呼ぶ一方、唐の太宗在位の政体を君主政体と呼び分けるような中国人はいない」。許氏はまた別の個所でより率直に「私たちの理解は正しい。本来君主制と専制制は同じことなのだから。ただ君主の専横の程度が多少異なっているというだけの話だ」と述べている。このように中国語の文脈においては、モンテスキューの政体区分は容易に混乱を招くものである。

『法の精神』は概念が混乱しているだけでなく、文章は冗漫かつ散漫、世の中の事象をすべて包括しようとし、まるで雑然として秩序のない読書メモや随想録そのものである。許明龍氏は訳者としてこの書物を以下のように評している「『法の精神』は内容が混沌としており文の構造は雑然としている。十分な勇気と忍耐心が無ければとても最後まで読み通せるものではない」。しかし確かに雑然と乱れてはいるが主要な論点は明確に記されている。それは第一に政体がとても重要であり、国家の政体というものが教育、法律、生活の簡素化と向上、女性の地位、自由、税収等を含む国家の一切に影響を及ぼすといったものだ。プラトン、アリストテレスにはじまり今日に至るまで、西洋の政治思想家たちは一貫して政体の重要性を認めてきた。これもまた、なぜ彼らが繰り返し政体問題を取り上げてきたのかを説明するものである。ごく一部の人間だけがモンテスキューのように政体をその他のあらゆるものと一緒くたに論じているにすぎず、これこそ本物の「政体決定論」と言えよう。

第二に、政体と気候の間の関係性を認めていることである。モンテスキューによれば東洋（モンテスキューは自著の中で「東洋」、「南方」、「アジア」と表現を混在させているがその意図は不明）は比較的温暖であるため、そこに暮らしている人たちは従順で抑圧に抵抗する気がない。これに対し西洋は比較的寒冷なため、そこに暮らす人たちは自由を愛し抑圧には抵抗を示す。このように奴隷根性の秀でた人々が暮らす地域に専制政体が誕生し、自由を愛する人間は専制政体を受け入れない。これは気候決定論と呼ぶことができよう。今の時代からすると、他国の気候に対するモンテスキューの理解は十分とは言えない。ちょっと考えてみてほしい。アナトリア半島に位置するトルコとペロポネソス半島のギリシャは海を隔てて互いに展望できる距離だが、これほど近い二つの地域でどれほどの気候差があるだろうか。フランスと比べてトルコの気候が暑いことなどあり得るだろうか。もしも気候が本当に政体を決定づけることができるとするならば、一切の相違をどのように説明したらよいのだろう。モンテスキューの気候決定論はただの推量と言わざるを得ない。

それではモンテスキューが言うところの「専制」とは一体何を意味しているのか。これについて許明龍氏は正確な解説を行っている。モンテスキューの地域では君主政体と専制政体は全く異なる二つの政体であり、「君主政体は一人の人間による、固定・確立された法に則して行われる単独執政型政体である。一方専制政体もまた一人の人間による単独執政型政体ではあるが、ただ君主を規制するものは何もなく、全てが君主個人の願望や気まぐれによって執り行われる」。専制政体にはこれ以外にも次のような特徴がある。第一に、それは「東洋」にのみ存在すること。第二に、それは政体であるだけでなく、社会形態でもあること。つまりそこの国民は皆生まれつき奴隷根性に秀でており、その統治には専制方式以外ないということである。中国人がモンテスキューの「専制」を自分たちに当てはめてみると き、モンテスキューの専制学説に含まれるこうした内容を果たして意識しているだろうか。モンテスキューの概念を用いる人の大部分は耳にしたことをそのままを口にしているだけであって『法の精神』を真剣に読んだことがないに違いない。それなのにこのようなでたらめで奇怪な論理を振り回されたら、実際その有害なことは極まりない。

モンテスキューの専制主義論は論点がでたらめであるばかりか、その論拠も薄弱である。というのもモンテスキューの示した専制政体に関する論拠は、大体において中国からくるものではなかったからである。ただ、モンテスキューが中国のことをどのように述べているのか私たち中国人が関心を寄せているため、まるで中国がモンテスキューの主要な論拠であるかのような印象を人に与えているにすぎないのだ。実際、モンテスキューが専制政体について論議する際、最も多く引き合いに出された例はオスマン帝国、イラン、インドであった。なぜならばこれらの地域は幾分ヨーロッパに近かったため、伝道師にしろ商人にしろ当時の西洋の旅人たちが頻繁に訪れた場所が、中国ではなくこれらの地域であったからである。モンテスキュー本人はもちろんこれらの地域を訪れたことがなく、その知識は全て本から来るものであった。そこで問題となるのが、たとえ当時有限であった書物からの情報に頼っていたとしても、これら東方の国々、とりわけイスラム諸国の状況は非常に複雑なため、ある方面においては偶然にも専制政体の特徴と合致しているように思えても、別の方面では専制体制の特徴と関連付けることが全く不可能であったということだ。例えばモンテスキューはオスマン帝国を専制政体の最も典型的な例として取り上げたが、当時のトルコ駐在イギリス大使夫人マリー・ウォートリー・モンタギュー（Lady Mary Wortley Montagu）はむしろ自分の目で観察し、その結果全く反対の結論に達した。それは、オスマン帝国の臣民はイギリスの国民よりも自由を享受し、オスマン帝国ではイギリスよりも優れた法律の制定、執行がなされているというものである。さらに興味深いことに、モンテスキューの故郷であるフランスの、トルコ駐在フランス大使はトルコと自分の祖国フランスを次のように比較している「フランスでは国王が唯一の主人であるがここでは事情が異なる。トルコではイスラムの宗教的指導者、法に携わる者、高官、さらには退職した高官にまでお伺いを立てなければならない」。このためニッコロ・マキャヴェッリはオスマン帝国の統一制度を「フランスの封建制より優れているとまでは言えなくとも、フランスの制度よりはましである」と考えていた。

『法の精神』が出版された後、トルコ、イラン、インドに対するモンテスキューの論述が常道から外れていると非難する声は相当数に上った。この数十年、数多くの研究によって、モンテスキューの示した論拠は大変偏っていることが示された。ここで重要となるのがモンテスキューの用いた論拠のやり方であり、これを「主題先行法」と名付けよう。それはまず初めに専制政体に関する結論があって、それから論拠を探そうといった論法である。自分の結論に即した論拠ならば、それがどれほど荒唐無稽であったとしても使用し、自分の結論にそぐわないものは軽視するか、あるいはいっそのこと無視してしまう。今日の学術界においてこのような方法を用いて研究を行うような者がいるならば、必ずや軽蔑され、大衆の指弾の的となるであろう。

中国に関してモンテスキューは「中国は専制政体である」と最初に断定を行い、その後適当に論拠となる資料を探し出した。しかしモンテスキューの示したいわゆる論拠の大部分は海外に関する夢物語のような奇聞であった。例えば「中国人には恩寵といった概念が無い」「文武を問わず官吏はいずれも宦官である」「スパルタでは窃盗が認可され、中国では詐欺が認可されている」「中国では女性と男性が厳格に分け隔てられている」「日本人と中国人は魚を食す点だけが似ている」「子供の売却や遺棄が法律で許可されている」などである。台湾に対するモンテスキューの認識はさらに常軌を逸していた。それは「〝フォルモサ（台湾に対しかつての西洋人が用いていた別称）〟人は地獄を信じているが、この地獄はある季節に裸にならなかった人、シルクを着用せず布製の衣服を着用する人、カキを拾う人、何か事を成す前に小鳥に占いを立てなかった人などを罰するためのものであり、そのため台湾では大酒喰らいや女性をからかうことは罪に定められないと信じられ、逆に子供たちの放縦は神の歓心を得ることができると信じられていた」というものである。

しかし、当時モンテスキューが目にすることのできた大部分の資料でさえも、モンテスキューの中国専制論を支持することはできなかった。このことでモンテスキューはきっと、ばつの悪い思いをしたに違いない。このため『法の精神』を読み進めていくうちにモンテスキューが「中国は〝例外〟である」と頻繁に表現していることを読者は気付くはずである。例えばモンテスキューは「専制政体には検察官が不要である」と断定するが、すぐそのあとで「この通常規則も中国にとっては例外であるように思える」と語っている。また別の個所では「専制政体国家には基本法が無く、法の監視・保護機関も存在しない」と断定しておきながら、「それでも中国で最初の立法者は優れた法律を制定しなくてはならず、政府もまたこれらの法律を遵守しなくてはならなかった」と言及している。さらには「共和政体には美徳が必要であり、君主政体には恩寵が必要である。しかし専制政体に必要なのは恐怖である」と断定しつつも、中国の立法者は「宗教、法律、習俗、気風を一つに融合させた。そしてこれら全てが倫理であり美徳である」と認めている。『法の精神』の中で以下のような言葉を幾度も目にすることができる。それは「この点において中国の状況は共和政体および君主政体と同様である」、「中国の政体は、当然予想される腐敗レベルに及んでおらず」、温和な政体が見られる地域は世界では「主に三カ所あり、それは中国の美しき浙江省・江南省、エジプトそしてオランダである」といったものである。この論点と論拠の間に横たわる溝を埋めるべく、モンテスキューは奇妙な結論を導き出した。それは「中国の政体は混合政体である。つまり広範囲に及ぶ君主の権力のため専制主義的要素を多分に有しており、また監視制度およびパターナリズム（父親的温情主義）や敬老の精神に基づく美徳により、共和政体的要素をいささか有している。さらに不変の法律、秩序正しい法廷、動揺せず確固たる意志で真実を語ることを栄誉と見なす精神により、君主政体的要素も若干帯びている。これら三つの要素はいずれも重要ではなく、気候条件に基づく具体的要因によって中国は長きにわたり存続することができた」といったものである。仮に「国土の広大さが中国を専制政体国家にした」と言えるのならば、中国は恐らく全ての専制政体国家のうち最も優れた国ということになるだろう。

実際、情報から隔離された当時の状況によって、モンテスキューが不思議な論点を挙げ奇妙な論断を行ったことは理解できなくもない。むしろ問題なのはモンテスキューのこうした論点、論断が後の一部の西洋の思想家（例えばハンナ・アーレント）によって考慮されないまま継承・展開され、「専制主義論」を基にした「全体主義」「権威主義」といったもろもろの理論が世に広まったことである。このような、表面的な意味だけをとらえて熟考することのない行為が後世に残した災いは計り知れない。さらに問題なのは、モンテスキューの学説が中国まで広まった後、モンテスキューの持ち出した「専制」の概念（および後の「全体主義」「権威主義」といった概念）により、古代中国ひいては現代中国に至るまでのイメージを私たちから覆い隠し、古代中国および現代中国における非常に複雑な政治を、政体に関する二、三の名詞を用いて単純に概括してしまったことである。

つまるところモンテスキューの学説が及ぼした最大の影響はその「政体決定論」にある。モンテスキューは民主主義を嫌い、君主政体だけが良い政体であると考えていた。今日、君主政体を好む人はそう多くはないだろう。にもかかわらずモンテスキューの考え方に倣って新たな「政体決定論」が導き出されている。その内容とは、多党競合を特徴とするいわゆる「民主」政体のみが良い政体であり、その他一切の政体は皆遅かれ早かれ必ずや崩壊する、といったものである。

実のところ西洋においても「政体」の角度から政治現象を分析することは多くの問題を生み出すこととなった。プラトンやアリストテレスが政体の分類を行って以来、どの類型も満足いくものではなかったため「混合政体」が選択肢の一つとなった。特に政治の実体規模が拡大してからというもの、純粋な単一型政体を採用することは、それがいかなるものであれ不可能となった。人質としてローマに送られた古代ギリシャのポリュビオス（メガポリス出身の歴史家）は、現実世界に存在する政府の大多数が混合政体を採用していることをすぐに知ることとなった。その後のマルクス・トゥッリウス・キケロはローマ共和国を例に挙げることとさえして、混合政体だけが良い政体であると強く主張した。実際、プラトンやアリストテレスの基準に照らしてみると、モンテスキューが言い広めたいわゆる「君主制」は全くの純粋な君主制ではなく、君主制と貴族制が混ぜ合わされたものである。貴族に属するモンテスキューが、この手の政体の中で果たす貴族の機能について特別強調しているだけのことである。現代に至ってはなおさらのこと、世界に純粋な政体を見つけ出すことは困難である。欧米諸国は自らを「民主制」であると吹聴しているが、現在世界で最も著名なアテネ民主政学者であるデンマーク人モーエンス・ハーマン・ハンセン（Mogens Herman Hansen）氏にとってこのことは聞くに耐え難いことである。ハンセン氏は二〇一〇年に発表した論文で次のように証明している「欧米のいわゆる〝民主〟国家は一つの例外も無くその全てが混合政体であり、君主制、貴族制、民主制といった要素が含まれる。ただ国によってどの成分が秀でているかというだけの話だ」[注65]。

「政道」と「政体」

欧米の哲学者と異なり、中国歴代の先哲が最も考え抜いたことは政体もしくは政治体制といった形式ではなく「政道」であった。「政道」とはすなわち政の道であり、国を治め国政を執り行う道である。より具体的に述べると国政の理念でありその方法である。『論語・顔淵』の中で孔子は「政とは正なり」と言っている。このように「政道」の思想はつまり「正道」に関わる思想である。

中国の先哲はなぜ形式ではなく実質を重んじたのか。その理由はいたって簡単である。商、周の頃より中国では、政治実体の空間的規模および人口規模がすでに相当増大しており、ギリシャのちっぽけな都市国家などは比べものにならないほどであった。このような巨大な実体においては、国を治める道もまたギリシャの都市国家より相当複雑である。無数の緯度が走る中国の政体に対し、プラトンやアリストテレスのように二、三の単純な基準で分類を試みることは不可能であり、またその必要もない。こうした理由により春秋戦国時代の諸子百家（老子、孔子、孟子、荀子、韓非子、荘子、管仲など）から朱熹、顧炎武、黄宗羲《こうそうぎ》に至るまで、彼らが説いていたのは皆政道に関する問題であった。

例えば孔子は「先王の道」を重んじており、「道」という基準で現実の国家を推し量っていた。「道」があるとはつまり仁と礼が調和・統一されていることである。孔子は「国家が道を有する」とはどういうことで「国家に道が無い」とはどういうことかを、「道の有無」を対比させ繰り返し説いている。また孟子は徳をもって

注65　M. Hansen, "The Mixed Constitution versus the Separation of Powers:Monarchical and Aristocratic Aspects of Modern Democracy", History of Political Thought.2010.

人を従わせる「王道」と力をもって人を従わせる「覇道」を厳密に区別し、「王道」を薦め「覇道」を拒んだ。荀子は、「王道」が正しい道であると認めつつも「覇道」の役割についても認めていた。これは前漢の初期に採用された「王道と覇道の混合」型統治方式が、王道を重んじつつ覇道を採用するという立場を採っていたからである。これに反して管仲は「国を治める道はすべからくまず民を富ませることが必要であり、民が富んでこそ国は治め易くなるのであって、民が貧しければ国を治めることは難しい」と説きつつ、また一方で賞罰を基本とする覇道の統治を薦め、また実行していた。

『春秋』にはじまり『商君書』『塩鉄論』『封建論』『上仁宗皇帝言事書』に至り、さらには康有為の『上清帝書』および『大同書』に至るまで、中国歴代の政治学において思考・論議・特化されてきたのは皆、統一と分裂、土地制度、人材の選抜・考査制度、財政・税収制度といったこれら政治に関する現実的な問題であった。実のところ中国における政治の伝統は、こうした問題に対処してきた歴史・経験・教訓を総括することで形作られたものである。実際的なものを重んじる中国歴代の政治家たちは実践を通して従事してきた統治者であって、プラトンのような口先だけの哲学者ではなかった。また一般庶民から大臣・高官になった青年たちはなおさらのことモンテスキューのような根拠のない説を盲信することなく、理想的な政体をよりどころとすることで苦労はあっても最終的には、現実的な政治問題の全てを解決することができた。

考察をさらに一歩進めてみたい。中国歴代の先哲は政道を細分化し、さらには国政の各主体の行動規範（例えば人民のための道、官僚のための道、臣下のための道、君主のための道）、および各主体間における相互関係の対処規範（例えば天と人、人と人、君主と人民、君主と臣下、中央と地方、官僚と人民等それぞれの関係に関する規範）をそれぞれ分けて論議してきた。なぜならばこれらの「道」は全て執政に影響を及ぼすからである。黄宗羲は「民本（民衆を国家の基盤とする）」といった立場から君主の「家天下（権力者がその一族で重要な地位を固めること）」を批判している。しかし黄宗羲の『明夷待訪録』を紐解いてみると、紙面は全て「君主の道」「臣下の道」「師友の道」「奴隷の道」で埋め尽くされている。

中国の思想家だけでなく、中国の歴史学者もまた政道に関心を抱いた。このため『資治通鑑』『貞観政要』といった歴史書をたくさん著している。司馬光は『資治通鑑』を著した目的について「前代の盛衰を調べることで、当代の得失を量ること」と簡潔に述べている。神宗（北宋の第六代皇帝）はこの書物を大変評価している。というのもこの書物が「往事を鑑みて統治に資する」ものであったからである。このほか幾人かの君主もまた政道や統治に関する自身の理解や経験を後世に残している。例を挙げると太宗（唐朝の第二代皇帝）による『帝範』、則天武后による『臣軌』、宣徳帝（明朝の第五代皇帝）による『御制官箴』、孝宗（南宋の第二代皇帝）によってその名を賜った『永嘉先生八面鋒』などである。当然のことながら他にも、戦国時代から清朝に至るまで歴代の統治者はそれぞれ表題こそ異なるものの数多くの「官吏心得」を残している。これらは清朝になると重要な政治関連の文献・教科書『皇朝経世文編』として編纂されている。このように「たとえ政体が皆等しく君主制であったとしても国を治める理念や方式は全く異なる可能性があり、後の結果もまた当然さまざまである」ということは、中国の先哲にとっては自明の理であった。このため中国の先哲にとって本当に重要なことは政道であって政体ではなかった。

しかし「毛沢東も『新民主主義論』の中で政体問題、すなわち政権が形成する形式について語っていたではないか」という声もあるだろう。確かに毛沢東は「ふさわしい形式の政権機関が無ければ国家を代表することはできない」と認めている。しかし毛沢東の言う「政体」は、決してアリストテレスやモンテスキューの考えていた政体ではなく、むしろある種の政道であった。例えば毛沢東は理想的な政体のことを「民主集中制」と呼んでいるが、欧米の政体論からすれば「民主集中制」は中国共産党の「国を治めるやり方」にすぎず、決して政体の一種と見なされることはない。毛沢東は洞穴で黄炎培《こうえんばい》の訪問を受けた際次のように話している「われわれは新しい道を見出した。われわれはこの（歴史的角度から見た）周期律の支配から逃れることができる。この新しい道が民主である。人民が政府を監督することで政府は引き締まり、一人ひとりが責任を果たしてこそ失脚による政策の行き詰まりは回避される」[注66]。この時毛沢東が口にした「民主」は同様の道理により政体ではなく政道を指している。中国共産党の語る民主とは主に政道の面から見た民主であり、またそうであるからこそ「民主的なやり方」「この人は民主的だ」「今度の会議は大変民主的であった」などといった言い方ができる。仮に政体の面からのみ民主を捉えるならば、こうした言い方は全く意味をなさない。

なぜこのように多くの紙面を割いてまでして西洋の「政体観」と中国の「政道観」を長々と比較するのか。それは中国における過去の政治を回顧するにせよ、現代の政治を考察するにせよ、あるいは未来の政治を展望するにせよ、西洋の「政体」といった見方を中国の「政道」といった見方に変えることで、今までと異なる感じを受け、新たな発見があるということを説明するためである。

政体の面から見ると、政治体制にはいくつかの極めて重要な特色がある。例えばそれは君主統治なのかあるいは貴族統治なのか。多党競合が存在するか否か。およそこれら幾つかの特色によって政治体制のその他あらゆる方面のスタイルが決定づけられるように思われる。一方「政道」の面から見ると政治体制内に見られるさまざまな主体的行為の形式およびそれらの間に見られる相互作用の形式はいたって重要である。これらは皆政治体制のスタイルに影響を及ぼすからである。しかしその他いくつかの形式上の違いについては必ずしも全体を左右するようなことはない。

「政体」の面から見ると政治上の複雑な現実も「民主政体」や「専制政体」といった単純な言葉でひとくくりにされ、まるで白でなければ黒であると、両者がきっちり線引きされてしまっているかのようである。一方政道の面から見ると全ての政治体制は皆、あらゆる要素を含んだ混合体制であり、互いの相違点と言えば各要素の強弱くらいである。というのも、いわゆる「民主政体」はどれも多かれ少なかれ非民主的要素を含んでいるし、「非民主政体」と呼ばれるものにもまた多少の民主的要素が混在しているからだ。

政体の面から見ると、ある政体は明らかに別の政体より優れていると言える。しかし政道の面から見ると、たとえそれがどのような政体であれ皆、種々の試練に直面している。しかもこのような試練のうち最も多い試練は類似したものであるため、国を統治する方法を、互いに参考にすることができる。これではどの政体が優れているのか判断するのが難しい。

政体の面から見ると、政体が重視している制度上のいくつかの特色（例えば多党競合の有無）に相違が認められなければ、政治体制のその他の相違（例えば政策決定における開放の度合）はどれも重要ではなくなってしまう。これは静的な目で動的な現実を観察しているようなものである。一方政道の面から見ると、国を治めるためには環境の変化に合わせて変化すべきである。なぜならば国を治める上での一切の変化は全て重要な意味をなしているからである。これこそ動的な目で動的な現実に対応するということである。

政体の面から見ると、人は往々にしてあらゆる問題を一括して解決できる方法を模索するものである。政体がそれほど重要だと言うのならば、政体を換えることで（例えば多党競合の開放）全ての問題が瞬時に解決されるではないか。しかし政道の面から見ると具体的な問題の解決には具体的な分析が必要である。政体を換えることによって現存する問題のうちのあるものは解決できるかもしれないが、時にはより大きな新しい問題を引き起こすかもしれない。最も基本的な政治の常識・原則とは「単純な方法で複雑な世界に対処しようなどと間違っても考えてはならない」というものである。

注66　黄炎培：『八十年来』、一四八頁、北京、文史資料出版社、一九八二年。

「大衆路線」と「参画民主」

実際、多くの人が思っているほど政体は重要ではない。

政体決定論から見てみると多党競合を特徴とする「民主（王紹光はこれを〝選挙主義〟と称した）」は「良いもの」であって、良いものは当然、経済成長や社会の公平、普遍的幸福といったその他の良いものをもたらす。しかし「民主」と経済成長の関係についてはすでにたくさんの実証研究がなされているが、ある研究では「民主」が経済成長を促進することが明らかにされ、またある研究では逆に「民主」が経済成長を阻害していることが明らかにされた。さらに「民主」と経済成長には何の関係も見いだせなかったとする研究結果もある。このように総体的に判断して「民主」といった「良いもの」が必ずしもその他の良いもの、つまり経済成長をもたらすとは限らない。実証研究によれば「民主」とその他の良いものとの関係も、大体において同様である。

ここでは政体および政道といった観点から民主の問題を論じてみたい。政体の面から見ると民主であるか否かは、政府が代表性（representativeness）を有するか否かによって決まる。しかし政道の面からすると、民衆の需要に対して政府が「応答性（responsiveness）」を有するか否かが重要だ。それでは一般大衆にとっては政府の「代表性」と「応答性」、どちらが重要だろうか。当然ながら両方とも重要である。しかし実際に民衆が最も関心を寄せているのは、政府の実施する政策が民衆の需要に応えられるか否かである。ある一部の政治体制は形式的に見て、あたかも「代表性」を有しているかのように見える。というのもそれらが「選出されたもの」であるからだ。しかしこの種の体制の応答性が高いかと言えば、必ずしもそうとは言い切れない。

香港中文大学の博士課程に在籍するロシアから来たある大学院生が書いた論文は、ロシア、中国、アメリカの医療制度改革について分析を行ったものであり、この三カ国の政治体制の応答性について比較を行っている。この論文では「アメリカは自らを〝民主〟〝代表性〟を有すると誇っているがその応答性は高くない」と結論づけている。これは第三者による客観的で正確な判断である。

ここで注意しなければならないのが「需要（needs）」の概念は「欲望（wants）」と異なるということである。「需要」とは人が生存し最低限の生活を営む上で必要なものであり、それは貧困の解消、教育、健康、環境保護といったものである。もちろん時代の変化に伴って人の「需要」も変化していく。一方「欲望」はこれとは異なり、その対象は人が手に入れたいと欲するものである。「欲望」の対象は、それがどのようなものであれ人の生存、最低限の生活にとっての必要からはるかにかけ離れている。「ルイ・ヴィトンのショルダーバッグを買いたい」「ベンツのスポーツカーが欲しい」などがそうである。欧米で消費主義が盛んになったことにより、この「需要」と「欲望」という二つのカテゴリーは区別されるようになった。wantsとは新たに作り出されたものであって、これにより尽きることのない人間の欲求を刺激し触発する。消費主義がもたらす欲望はまぼろしであり、強引に押し付けられたものである。

代表性を特徴とする「民主」の着眼点は「欲望」である。選出された代表者は有権者の示す「欲望」に応えなければならない。一方で応答性を特徴とする「民主」の着眼点は、最も厖大な人民、とりわけ一般大衆の「需要」である。

民主の実質は人民が主役となることであり、これは注目すべき根本的な相違点である。はやりの民主的概念とは、競合性のある選挙がなされるか否かという点だけにこだわるものである。しかしより民主的な考えにおいては、選挙のほかにも大衆の参画を重視する。これはいささか政道的である。政道の面から見ると中国共産党の優れた伝統の一つ「大衆路線」は非常に民主的であり、この実践こそ本物の政道と言える。

参画型民主とは何か。今日、大衆参画については、「政策の決定において一枚のドアが存在する。政策決定者はドアの内側にいて、大衆は外側にいる」と表現できるように思われる。大衆参画の仕組みを構築しようとするならば、固く閉ざされたドアを鍵のかからないドアへと改造する必要がある。大衆の参画とは、大衆がこのようなドアを押し開け室内で行われているゲームに参加するようなものである。しかし足に根の生えた政策決定者はそれでもドアから外に出て行こうとはしない。「参画」に対する毛沢東ら中国共産党指導者たちの理解はこれと全く異なっていた。彼らが主張したのは、政策決定者が部屋から外に出て積極的に民衆の中へ飛び込むことであった。

今はやりのさまざまな公共参画モデルと比較すると、大衆路線はある種の逆向き参画モデルと言えよう。大衆路線が強調しているのは政策決定者が積極的に人民大衆の中へ飛び込んで行くことであって、民衆が自分のところに来て政策に参画するのをじっと座って待っていることではない。以下に大衆路線の四つの重要なポイントを挙げる。

第一に、いわゆる「大衆の中から生じる」ということである。つまり指導幹部に求められることは「大衆と一心同体になり、大衆の上に君臨するのではなく大衆の中に飛び込んで行き」、いっときも大衆から離れないことである。毛沢東自身は大衆と密接な関係を築くことを大変重視していた。革命戦争の時でさえ毛沢東は、しばしば戦争の合間を縫って大衆の中に深く入り込み、一般大衆の生活の苦しみと必要を理解するよう努めていた。

第二に、大衆に飛び込んで行くのは大衆の観点を養うため、ということである。このため毛沢東は、指導幹部が常に末端層に赴くこと、かつそこで「三同」を実行することを要求した。すなわち人民大衆と同じく食し、同じく住み、同じく労働することである。このようにすることで大衆との距離を縮めようとしたのである。このように日常の仕事を通じて大衆と密接な関係を構築することのほかにも、五〇~七〇年代にはある制度を設けた。それは定期的に指導機関の幹部を農村に送り込んで人民公社、合作社の社員とし、あるいは工場の現場では工員を、中隊では兵士を務めさせ、肉体労働に直接参加することで人民大衆と艱難を共にし苦楽を分かち合うようにさせるものであった。人民大衆との非常に緊密な関係を維持することで幹部ははじめて役柄を換えることができ、既存の世界観や立場を本当の意味で工員・農民らと等しくすることができる。このようにして人民大衆を心から愛し、人民の思いを自分の思いとし、人民の悩みを自分の悩みとし、人民の利益を起点とした大衆の観点をしっかりと築き上げていく。

第三に、大衆の中に深く入り込み、大衆の叫びに耳を傾け民意を酌むこと。毛沢東は、末端に赴き調査研究を行うことの重要性をことさら強調している。毛沢東本人もその手本を示している。毛沢東は、実際に政策を決定する際は絶対に具体的状況に基づくべきである、と考えた。部屋の中で椅子に座って考えたことは、決まって実情からかけ離れている。「こうしたわけで、詳細かつ科学的な実態調査は非常に大切である」。毛沢東は「調査が無ければ、発言権も無い」といった名言を残している。毛沢東からすれば調査研究には二種類あってその一つが「馬を飛ばして花を見る（大ざっぱに表面だけを観察する）」でありもう一つが「馬から下りて花を見る（地に足をつけてじっくりと調査研究する）」である。毛沢東が提唱したのは「馬から下りて花を見る」やり方である。すなわち末端の現場に深く入り込んで長期間現場にとどまり、過去から現在に至る実情を系統立てて調査研究することであった。このようにすることで問題を発見でき、その解決方法を見出すことができるからだ。

調査研究の主な対象は人民大衆であるが、その重点もまた人民大衆の福祉にある。この点について毛沢東は明確に示している。

「大衆の実際的な生活上の問題全てが、われわれの注目すべき問題である。われわれは大衆の暮らしに関わる問題をしっかりと把握しなければならない。土地や労働に関わる問題にはじまり生活必需品に至るまで、これら大衆の生活問題全てをわれわれは自分の優先事項に挙げなければならない。大衆の支持が必要ならば、われわれの闘いに大衆の全力が注がれることを望むならば、大衆と共におり、大衆の積極性を奮い起こし、大衆の痛みに関心を持ち、誠心誠意大衆の利益を図り、生産と生活に関わる問題、衣食住、出産育児など大衆の暮らしに関わる一切の問題を解決すべきである」[注67]

注67　毛沢東：「大衆の生活に関心を持ち、仕事のやり方に留意する」一九三四年一月二七日、『毛沢東選集』、二版、第一巻、一三七～一三九頁、北京、人民出版社、一九九一年参照。

それでは調査研究の際、どのようにすれば大衆の真実の声を聴くことができるだろうか。これについても毛沢東は次のように述べている。

「重要なのは大衆の友人になることである。偵察のために赴き人々に敬遠されるようなことがあってはならない。大衆が真実を語らないのは、こちら側の来意が彼らに利益をもたらすものであるか否かを彼らが知らないためである。大衆と語り合い友人関係を構築する際、彼らにこちらの心を探る時間を与えてやらねばならない。そうすればこちらの真意を次第に理解することができ、われわれを親友と見なすようになる。このようにしてはじめて真実を把握することができるのだ[注68]」

第四に、調査研究はまた人民大衆から知恵を汲み取る過程でもあるということだ。毛沢東式「調査研究」は欧米の実証主義的「調査研究」とは異なっている。人民大衆は観察対象にとどまらず、調査の積極的参画者でもあるからだ。このような研究方法の違いは、歴史における人民の役割に対する理解の違いからきている。毛沢東からすると「人民、人民こそ世界の歴史を創造する動力である」[注69]。このような理解に基づき毛沢東は各級の指導幹部に「大衆は本物の英雄である。しかしわれわれは幼稚で取るに足りないものである。この点を理解していなければ最低限の知識さえ得ることはできない」と訓戒を与えている。

毛沢東は下層にある民衆の英知と才知を大変重視していた。毛沢東はこのように語っている。

「『革職人が三人集まれば一人の諸葛孔明に勝る（中国のことわざで日本の〈三人寄れば文殊の知恵〉と同義）』のとおり、大衆には偉大な創造力がある。中国人民の中には幾千幾万もの〝諸葛孔明（知恵者の代名詞）〟が確かに存在する。どの村どの町にもその場所の〝諸葛孔明〟がいるものだ。われわれは大衆の中に飛び込み、大衆から学び、彼らの経験を統合して、素晴らしい、秩序ある理論と方法に再構築すべきである。そして大衆にそれらを教え（広め）、大衆が実行するように呼びかける。大衆の抱える問題を解決し、大衆に開放と幸福を与えなくてはならない[注70]」

人民から学ぶには正しい観点を必要とするだけでなく、正しい態度で臨むことも必要である。毛沢東は自らの経験に基づき、「胸いっぱいの熱情、常に大衆に目を向ける決意、知識に対する渇望、傲慢な態度との決別、進んで大衆に教えを乞う精神、これらが無ければ調査研究などできるはずもなく、またやったとしても決してうまくはいかない」[注71]と、多くの幹部に忠告を与えている。さらに調査研究に際しては、必ず一般労働者として大衆の前に立ち、大衆を尊重し、人には平等に接することが大切であると説いた。仲間同士で話し合うような態度をとるべきであって、間違っても上から派遣された幹部の体を装い、お役人気取りといった不遜な態度をとるべきではない、と指摘している。

要するに大衆路線の政策決定モデルは参画型に向かって方向転換が図られ、政策決定者には主体的かつ持続的に大衆の中へ深く入り込んでいくことが求められている。選挙型、大衆参画型と比べると大衆路線は明らかに、厖大な人民大衆の需要に応えることが可能である。大衆の参画を表す英語はparticipationであるが、王紹光教授は大衆路線を英語で言い表すためにqunticipation（チュンティシペイション）という言葉を自ら編み出した。この言葉の頭に付けられたqun（チュン）は中国語において〝大衆〟を意味する〝群衆（チュンジョン）〟から採られたものである。王教授は国際学術シンポジウムにてこの自ら考案した言葉を用い、民主主義に対する共産党の新たな試みを世界に示した。

注68　毛沢東：「農村調査に関して」一九四一年九月一三日、『毛沢東文集』、第二巻、三八三頁、北京、人民出版社、一九九三年参照。
注69　毛沢東：「連合政府論」一九四五年四月二三日、『毛沢東選集』、二版、第三巻、一〇三一頁、北京、人民出版社、一九九一年参照。
注70　毛沢東：「組織する」一九四三年一一月二九日、『毛沢東選集』、二版、第三巻、九三三頁、北京、人民出版社、一九九一年参照。
注71　毛沢東：「〝農村調査〟の序文および跋文」一九四一年三・四月、『毛沢東選集』、二版、第三巻、七九〇頁、北京、人民出版社、一九九一年参照。

官僚が政策を決定する時だけ大衆の参画を認めるというのでは実のところ十分ではない。その理由は簡単である。世界各国の実証研究により明らかにされていることだが、政治参画の程度が各階級間で深刻な不平等を呈しているからである。政治参画の能力や程度は経済、社会、文化といった方面における不平等と密接な関係がある。つまり資源を多く所有する階級であるほど政治参画の程度も高くなり、資源が少ない階級ほど参画の程度も低くなるということである。また政治参画の多い階級は政策に対する影響力も大きく、その逆もまた真である。こうしたことにより最終的に政策は、もともと資源を多く所有していた階級に有利なよう決められ、資源がもともと少なかった階級にとっては不利なものとなり、強者はより強く弱者はより弱くといった、いわゆる「マタイ効果（不公平の二極化）」を形成するようになる。

大衆路線はこれと異なり、政策決定者が民衆の中に、とりわけ社会の最下層に属する民衆の中に積極的に入り込んでいくことを求めている。民衆が政府に要望を述べたり政治に参画することは、かつての中国においては許されることではなかった。孔子が「民はこれに由らしむべく（民衆は君主の施政に従うものである）」「礼は庶人に下らず（礼は庶民に適用されることがない）」と述べているとおりである。また孟子から黄宗羲に至る「民本主義者」を例に挙げて、中国の伝統文化の中に自由主義や民主主義といった要素を見出そうと試みる者もいるかもしれない。確かに孟子は民衆を貴び、政権移譲や政策決定は皆民衆の意向を考慮すべきだとしている。しかし孟子が民意や民情を重んじていたとはいえ、『孟子』の中には末端民衆の政策要望や政治参画に関する内容が一つも見当たらない。民は君主が心を用いて民意を酌むのを信頼していればそれでよし、と孟子は考えたのであろう。孟子よりおよそ二千年後に生まれた黄宗義は明朝末期、清朝初期における民本思想の草分けであった。黄宗義は代表的著述『明夷待訪録』の中で君主専制を猛烈に攻撃している。これにとどまらず黄宗義は明朝の政治的悪習を鑑み「民を貴ぶ」を基本理念とした変法案を打ち出した。それは国家体制、官制、教育、選挙、兵制、農政、財政等多くの方面に及んだ。しかしこうした考え方の核心は「細分化」であり、地方勢力と宰相により君権を牽制することであって民衆の参画などは全くその視野に入っていなかった。

中国の革命を指導するにあたり中国共産党が行った最大の貢献の一つ、それは大衆に向かって「世界も国も社会もそこに属するわれわれのものだ。われわれが声をあげなければ、誰が言うのか。われわれがやらずして、誰がやるというのだ」[注72]と宣言したことである。大衆も初めは千年という歴史の影響により参画の意識が皆無であった。このため共産党は大衆と密接な関係を保ちながら、大衆に対し思想教育を行い民心を奮い立たせる必要があった。大衆路線はまさにこのような状況の中で形作られたものである。

今日では政治参画に対する民衆の自覚は大いに高まったが、資源の制約を受けているため、参画の程度は大衆間で大きな開きがある。社会的上層階級に属する人間は一般労働者に比べその参画程度がはるかに高い。これについては個人所得税の減免に関する議論において大変顕著である。このような理由により、今でも大いに大衆路線を奨励していく必要がある。

以上のように、政体と政道を区別し、「代表性」と「応答性」をはっきりと分け、「需要」と「欲望」の違いをしっかりと押さえるならば、中国の過去を回顧するにせよ、現在を考察するにせよ、あるいは未来を予想するにせよ、恐らく今までと全く異なった斬新な絵が描けるだろう。

中国共産党の政策は大衆の中から生まれたものであり、仕事のやり方は「押し売り」ではなく、人の意見を取り入れる姿勢で臨む「買い付け」である。中国共産党の政策の良し悪しは、大衆によって評価されるべきである。今日重慶市にて実施されている「三進三同」（三進は末端、農村、農家に深く入り込むことを指し、三同は農民と共に食べ、

注72　毛沢東：「民衆の大連合」、『湘江評論』掲載、一九一九年第二・三・四号。

住み、労働することを意味する）」政策は中国共産党の政治的優勢に即したものであり、大衆の中から生まれ大衆の中に帰っていくものである。

大衆路線が対象としているのは共産党内に大勢いる頭でっかちたちである。彼らは一般大衆を見下し、世界に存在する共産党のうち自分たちこそパイオニアであると自負している。確かにレーニン論にはパイオニアに関する論述が見受けられるが、大衆が本物の英雄であるとの記述は見当たらない。その点大衆路線を主張するのは中国共産党だけである。当時、中国において最も主要な大衆といえばそれは農民であった。仮に王明（中華民国の政治家）のような人間に向かって労働者階級を見習えと言ったならば恐らく受け入れたであろう。しかし農民を見習えと言ったならばまず拒絶するに違いない。大衆路線はこのような者に対して焦点を当てたものである。

これと同様に過去三十年、専門家は一般人よりも重要だという偏った世論が横行した。一九七八年に全国科学大会、全国教育大会が開催されてからというもの「エリート」がもてはやされるようになった。もちろんこれは、特に当時の時代背景を考慮すると完全な間違いではないが、それでもこのような面のみを重要視しすぎたため、もう片方の面が失われることとなった。今では誰もが、有能な人物や資本家の力を借りるべきだと論じている。しかし「三つの代表」のうち、前二つの「代表」を強調しすぎるならば最も重要で最も大きなもう一つの「代表」は忘れ去られてしまうだろう。最も厖大な人民大衆の利益をないがしろにするならば、政権の社会的基盤は崩壊してしまう。エリートをもてはやしすぎた結果はどうであったか。人民大衆の反感を買ったではないか。今日「エリート」はもはや褒め言葉でなくなってしまった。このことは改めて考え直す必要がある。

選抜と選挙

今日多くの人が、とりわけ各級幹部は皆、幹部選抜制度が不透明であると感じている。「上に上がれる人間は皆コネがあるからだ。さもなければなぜ自分は昇格できないのか」。実際これについては、中国における指導者選抜システムが大変競争性に富んだものであり、また中国共産党の幹部は一歩ずつ一段ずつステップを上がらなければならないことによる。このような幹部の選別制度は選挙制度と全く異なったものである。選挙制度は主に弁術、確約、個人的魅力に左右されるものであって、管理能力が実践の中で試されることはまずありえない。しかし中国の幹部は管理能力が絶えず試され続けている。これこそ中国における幹部内部の競争システムであり選別システムである。一歩ずつ一段ずつ、それぞれの段階で行われる考査と選別を経なければ上には上がれない。省委員会書記クラスにはじまり国務院、中央委員会、とりわけ常務委員会に進むためには中国十数億という人間の中で最も指導力を有するエリート中のエリートでなければならない。このため中国における幹部の内部競争システムや選別システムは非常に厳密である。これは自らが経験しなければ決して理解できないほどであり、サブ的役割を担ったぐらいでは本当の厳密さを経験したことにはならない。たとえ県級、市級、省級のトップになったとしても、本当の才覚が無ければとても耐えられるものではない。市級の組織は全国各地に多数存在しており、このような中でトップになろうとするならば全員に認められ、また能力的にも他より抜きんでていることが求められる。

中国の幹部選抜にあたっては主に二つの重要なメカニズムが存在し、その一つが厳密な選別メカニズム、もう一つが所属部門の考査メカニズムである。幹部研修、幹部教育機関での育成訓練にはじまり幹部梯団（世代別に分けられた幹部指導層内のグループ）参加に至るまで、厳密で民主的かつ科学的な制度が存在する。そこには複数回に及ぶ選挙が含まれる。

指導幹部の選抜にあたって最も重視されるのが実践経験である。そして実践経験は一つずつ積み重ねられていくものなので、幹部もまた一歩ずつ一段ずつステップを上っていく必要がある。欧米では一夜で下院、上院に進み、さらには下院、上院から大統領の座につくことさえ可能である。しかし中国の幹部については、オバマのようにヘリコプターに乗って一気に上昇する出世はありえない。中国共産党の最高幹部は、一歩ずつ一段ずつステップを上ってきた人間である。今後中国にオバマのような最高指導者が現れたならば、人民は果たして安心できるだろうか。

オバマが大統領の座につくために用いたのは「改革」というスローガンであり、また利用したのはアメリカ国民の心の変化であった。しかし大統領就任後、オバマは何一つ改革することができなかった。それはオバマに指導経験、指導能力が不足していたからである。日本の首相もまた「パラシュート部隊（訳注：飛び越えてくる者）」である。日本の首相は自然災害に対処した経験が皆無であった。他にも外国では経験のない指導者が選出されることがあり、多くの者が「パラシュート部隊」である。これほど大きな国、中国において「パラシュート部隊」が指導者になるようなことになったら、この国は一体どうなってしまうことだろう。

幹部は各段階での選抜を経るだけでなく、数々の研修も経験する必要がある。研修には集中学習、協同課題、課題の研究レポート提出、外地の現場に赴いて実施する系統的調査研究、重点業務のグループ研究等が含まれ、このような選抜制度は一般の選挙に比べ広大かつ深遠である。

「普遍的価値」の超越

「理解」が無ければ「判断」することは不可能である。「理解」があってこその「判断」である。「理解」が先であり、それでこそ「判断」が後に続く。しかし中国の政治制度に対してこのようなやり方をする者はほとんどいない。

「中国の政治体制をどのように評価すべきか」これは避けて通ることのできない根本的な問題である。「この体制は世界で最良か」今はまだ結論を出すまい。「それでは世界で最悪の制度か」これに対してはノーと言えよう。なぜなら中国が仮に世界最悪の政体であったとして、これほど長期間に生じた激変の説明がつかないからである。前述の問題や疑問に関して真剣に議論するならば、全体をひっくるめて「良いか悪いか」といった価値判断をいきなり下すようなことはせず、まずは理解から始め、そのうえで何が良くて何が悪いのか、その良し悪しはどこに表れているのかを論ずるべきである。

現在、中国に関する論議のあまりにも多くが、中国の体制をまるごとひっくるめてバツ印をつけ没にしてしまうか、あるいは反対に丸印をつけるかといった、あまりにも大ざっぱで単純な評価方法に偏っている。こうした単純な考え方の背後には欧米型政体に基づく思考パターンが存在している。また「中国の体制は、確かにここ数年は割とましな結果を出したが長続きはしないだろう。いずれ方向転換することになる」と考える者もいるだろう。しかしこのような考え方は「中国の体制は今まで一度たりとも良かったためしがない」という考え方とどこかで繋がっている。すなわち「〝普遍的価値〟というものがあって、それは実のところ〝歴史終焉論〟と関わりがある。つまり自分たちが今すでに知っていること、これこそが世界最良である。それは政治面では多党制の自由競争であり、経済面では市場の自由競争である。それに引き換え中国はこうした素晴らしいものを持っていない。それだから中国の体制は持続不可能であり、遅かれ早かれ欧米の〝普遍的価値〟を受け入れるようになるのだ。そうなってこそ全てはうまくいくようになる」という考え方だ。

しかし見識のある者なら誰でも知っていることだが、欧米のこのような価値観は不完全である。するとまたある者はこう言うであろう「たとえ最良でないにしても、最悪というわけでもない」と。またある者は「民主制は最良の政体ではないが、好ましくない一切の政体の中では最良である」というウィンストン・チャーチルの言葉を引用する。

フクヤマは一九八九年にあの悪名高き論文「歴史の終わりと最後の人間」を発表した。しかしフクヤマでさえその後自分の考え方を変えているのだが、それでもまだ多くの人間が愚かにも潜在意識のうちにフクヤマの「人類社会の終焉は市場経済と民主政治(あるいは〝選挙主義〟)にあり、それは〝最良の結末〟か、さもなければ〝最も、悪くはない結末〟である。いずれにしても同じことである」といった歴史終焉論を受け入れている。

「政体決定論」を信じてしまうと、中国の体制はただ一つの方向に向かうしかなくなってしまう。もちろん私たちはこのような決定論にまだ陥っておらず、「政体決定論」に洗脳されてもいないので別の考え方を選ぶことができる。

「普遍的価値」の賛同者が懸命にそれを吹聴するのはなぜか。それは、私たち中国人の大多数が「普遍的価値」を受け入れず、「歴史の終わり」を信じていないことを認めているからである。なによりもまず中国共産党がこのような考え方をしない。中国にはこのような論理を受け入れない者が大勢いる。各自の背景や理念は必ずしも同じというわけではないが、それでも「普遍的価値」を認めないという点においては一致している。

今の中国の思想界にはさまざまな学説、理論が飛び交っており、こうした状況を踏まえると中国において歴史が終焉を迎えることなど全くありえない。「普遍的価値」と言うが普遍的とは思えない。政治儒学(古典的政治思想に基づき現代の政治理念を分析する学派)、新法家(伝統的法家の思想を復興・保護しようとする近代に表れた学派)の他にも、伝統的なマルクス主義者、旧左派、新左派など「普遍的価値」に同意しない者は相当数である。このように「普遍的価値」を拒絶する者が非常に多いため、彼らは懸命に「普遍的価値」を広めようとする。

私たち中国は文化に対する自覚と自信、さらには体制に対する自覚と自信を持つべきである。中国ではどのようにして政策が決定されるのかにつき研究を行った者はそれほど多くない。中国の政治学者でありながらその多くが、中国共産党中央政治局とはどういったものであるのか、国務院は、そして中国の体制は全てどのように運営されているのか、中国ではどのように政策決定がなされ中国の最高指導者はどのように調査研修を行っているのか、これらについて知りもしなければ関心を持とうともしない。知っていることといえばわずかに、中華人民共和国憲法や共産党規約が定めていることぐらいである。中国では「中国の政府および政治」と題したさまざまな教材が出版されている。

これらは基本的に正式文書に基づいて中国の政治体制を著したものであるが、分析らしい分析はなされていない。自国の体制についてこのように無自覚であるならば、公にできるような研究成果に乏しいのは当然である。

中国の農村で選挙が実施されるようになってから二〇年になるが中国国内にはこれに対する詳しい研究がそれほどなされていない。というのも「これらの選挙は見せかけだけである」と考える者が多いからである。しかしこの二〇年、国外の学者は中国農村の選挙に関して多くの研究を行い、農村で行われる選挙は見せかけではないことを明らかにした。このことからも分かるように体制に対する自覚が無ければ、自国の体制に対してさえ研究意欲が湧かず、優れた研究成果を生み出すことなどできるはずもない。

また体制に対する自覚が無ければ、体制の自信などどうして望めよう。

さらに中国における公共政策の議事日程策定方法に関してもまた、これまで研究されたことがなかった。議事日程は公共政策策定の第一歩であって、この第一歩を理解できなければこれに続く内容を理解することは不可能である。政策策定のプロセスを理解してこそ、刻々と変化する状況にあって中国の体制がどのように運営されているのかを理解することができる。そして体制の運営を理解してこそはじめて、中国の体制の特色を確定でき、その優勢について評価することができる。中国の体制の重要な特色は、末端層を重視した政策や制度の実践、および統御された政策・制度の試験にある。このような制度の特色によって、中国は加速的モデルチェンジの中でも絶えず学び続けることができ、また強力な適応能力を備えていることがこの体制の強みでもある。

中国における法律制定のプロセスは欧米と異なっている。欧米では初めに法律を制定しその後各レベルに貫徹するが、中国では初めに実践、試験があり、その後長い時間をかけて経験と教訓を蓄積し、そして最後に法律を制定する。これは欧米と全く逆である。先に法律を制定するやり方、しかも立法者はどのようなやり方が正しいのかすでに知っている。こうしたやり方は小国、国内格差の小さな国にとっては可能かもしれない。しかし中国のように国の規模が大きく、変化が速くて政治的経済的ブロックが多数存在する国においては、数々の実践や試験を経ずして正しい法律の制定方法を語れる者など一人もいない。このように国情が全く異なるのに欧米のやり方をそっくりそのまままねるならば、今の若者風に言うと「むごい死に方をする」であろう。

中国語の「試点（事前に試験的にやってみること、またはその場所）」は外国語に大変訳しにくい言葉であるが、中国の体制の非常に重要な特色の一つである。戦争のあった時期から一九五〇、六〇年代にかけて「抓点（経験を把握するために代表的な点を選んで重点的に指導すること）」「以点帯面（ある点の経験を面に広げること）」という言葉は早くも日常的に聞かれるようになり、しかも今ではこの言葉に対して慣れ親しんでしまった結果、特殊な点は何も感じられないようになってしまった。しかし分散的な実践と集中的な試験によって中国の制度は加速的に進化し、長い歴史を非常に短い時間の中に圧縮することに成功した。これは大変素晴らしい成果であり、これこそ重要なメカニズム、つまり〝抓点〟である。具体例として現在中国全土に、「都市・農村総合改革試験区」「資源配置改革試験区」等十一の試験区が設けられていることが挙げられる。

中国以外の国も試験区を設けているかもしれないが、中国のように普遍的ではない。中国の試験区は大規模かつ体系化されており、実践と試験を意識的に実施することによりどのように制度変革を行うべきかを学習している。最も有名な実施例として深圳《シンセン》経済特区が挙げられる。こうした試験区は、中国の特色が非常に顕著な政治体制の特徴と言えよう。しかし中国では国民の多くがこの特徴に対して無自覚であり、まるで全てが当然のことのように考えている。この他にも「チャイナ・ナイン（中央政治局常務委員会委員九名）」は毎年かなりの時間を割いて視察・調査研究のため自ら現場に赴いている。これなども非常に特色ある制度的特徴と言えよう。このようにレベルの異なる官僚が時間を費やして現場に赴き状況把握に努めるといったことは、世界中どの国を探しても見当たらない。「指導者が現場で目にするものなどどうせ繕ったものだ」という声が聞かれるかもしれない。もしも本当にそのようであるならば、なぜ指導者たちはあれほどのエネルギーを費やしてまで現場に行こうとするのか。それには必ず理由があるはずだ。いずれにしても試験区は制度的特徴であることに間違いはないので、最低限の自覚を示しその特徴を理解するように努め、そのうえでこうした体制の特徴が一体どのような作用を及ぼすのか評価すべきである。

分散的な実践と集中的な試験を通して学習する。このような体制を通して見えてくることは、中国ではなぜ常に思いがけないことが発生するのか、そのような中でなぜ政策や制度はこれほど早く学習でき、短時間のうちに回答を導き出すことができるのか、ということである。

また分散的な実践と集中的な試験という視点に立てば、中国の体制に対する多くの理解不能な表現、それは例えば「中国は中央が全国を統一し、一切を制御している」といったものを喝破することができる。一九七六年「文化大革命」が最も盛んであった時期でさえ農村合作医療制度は全国のわずか九二パーセントの地域にしか実施されなかった。言い換えれば残り八パーセントの地域では実施されなかったということである。もしも中央政府が「一刀両断」的に処理していたならば、つまり高圧的な政策を常に採っていたならば、八パーセントの地域がなぜ毛主席の提唱する農村合作医療制度を推進しなかったのかについて全く説明がつかない。この例が示しているとおり、たとえ極端な時期であったとしても中国の体制は、地方政府が異なる方法を用いて中央の政策を貫徹することを認めている。またこの九二パーセントの地域においても、当時各地で実施された農村合作医療制度や「はだしの医者（文革時期に活躍した、農村で農業を行いながら医療活動に励んだ医者を指す）」の実施スタイルは各地で異なっていた。

私たちが体制の自覚について繰り返し語るのは、現在に至るまで大量の政治学者たちがこの方面について全く無自覚でいたためである。こうした政治学者たちはただ欧米諸国の体制がどうであるかにのみ関心を抱き、中国の体制がどのようであるかということについては十分に理解していない。またある者はアメリカの制度はどれも皆素晴らしいと言うが、では中国の制度についてどれほど理解しているのかというとほとんど理解していないに等しい。さらに不躾ながら言わせてもらうと中国の一部の指導幹部もまた、自国の体制について自覚が十分とは言えない。当然、指導幹部といえども完璧な人間ではない。自国の体制について指導幹部が自覚していないのも、本を正せば私たち学者が職責を果していないからであり、中国のメカニズムがどのように運営され、どうしてこのように運営されているのかを明確に語ってこなかったからである。

体制の自覚があってこそ、体制に対しある程度の自信が持てる。中国の体制には有効的なもの、保存すべきもの、総括すべきもの、継続的に展開すべきものがたくさんある。鄧小平はこれについて適切に表現している。

「自国の特色、国情に照らして自らの道を歩む。われわれは欧米資本主義国のやり方をまねることはできないし、他の社会主義国をまねることもできない。自国の制度の優越性を手放すことなどなおさら不可能である。共産党による指導、これこそ中国の優越性である。共産党による指導を堅持しようとするならば当然、監督や制約が必要となる。現在では党政分離が提起されているが、どうであれ党の指導をより強化し改善するためにはやはり共産党による指導が必要である。共産党もまたミスを犯してしまうことは避けられない。しかし事実に基づいて事に当たり、改革を堅持し、自分の道を歩むならば、決して大きなミスを犯すことなく、我々の事業は勢大に発展するだろう。また民主集中制（民主主義的中央集権制）も中国の優越性である。この制度は欧米の民主主義に比べ、中国人民の団結をより強固なものとする。このため中国で何か決定されるならば、それは瞬く間に実行に移される。この中国では民族問題を解決するために、民族による共和国連邦といった制度ではなく、民族区域自治制度を採用している。われわれはこの制度が中国の国情に即したものであり、なかなか良いものだと考えている。われわれ中国は優れたものをたくさん有している。これは社会主義の優勢であって手放すことのできないものである。だからこそわれわれは四つの基本原則を堅持しなければならない[注73]」

しかし私たち中国にはこのような自覚も無くまた自信も持ち合わせていないため、中国既存の体制をいわゆる普遍的な特質と照らし合わせ、「他者が所有しておらず自分たちだけが所有しているもの」はすべからく好ましくないものであると考えたり、あるいは逆に「自分たちが所有せず他者が所有しているもの」は全て好ましいものであると考えたりする。そして中国が今なんとかうまくやれているとしても、それはただ偶然にうまくいっただけのことであり、この先成功するか否かは自分達でさえ分からない、と考えている。

二〇〇九年に中国北京大学にて「中国モデル」シンポジウムが開催された。会場では「なぜ中国はここ数年成功しているのか。それは運が良かったからである」という声が聞かれたが、このような解釈はふざけて言っているのか、あるいはただのぐちととられ相手にされない。なぜならば本当に運のおかげならば、三十年間に遭遇した問題は全て運が良かったため適切に対処できたということになり、仮にそうであったとしてもそのような確率は数千万分の一であろう。中国がミスを犯したのは全て制度のせいであり、中国が適切に対処できたのは全て運のせいであると信じるならば、中国は故宮を取り壊してホワイトハウスを建てるしかないではないか。しかしそれこそ最大の無鉄砲というものだ。

現在、「普遍的価値」の上に新しい皇帝の服を着せて「現代的」と呼ぶ者がいる。彼らに言わせれば中国はこの二、三十年に現代化を経験したに過ぎず、「現代的」を実現していないらしい。それではどういったものが「現代的」なのか。要するに欧米の体制に見られるような特性のことを指しているのであろうが、それは「普遍的価値」と全く同じものである。「現代的」にしろ「普遍的価値」にしろ、あるいは「歴史の終わり」にしろ結局は同じことを指している。つまり人類にとってはただ一本の発展の軌跡、ただ一筋の発展の道があるのみである、と言っているのだ。こ

注73　鄧小平：「われわれの事業は全く新しい事業である」一九八七年一〇月一三日、『鄧小平文選』、第三巻、二五六～二五七頁、北京、人民出版社、一九九三年参照。

れは粗野な極左的信条と大した違いがなく、全て歴史決定論であり、この道以外の全てが行き止まりの道であると主張する。

欧米諸国は現在、多くの問題に直面している。欧米社会に生きる者は皆、自分たちの歩んでいる道が必ずしも未来に通じる道ではないと気付き始めている。例えば民主主義について語るとき欧米人の多くが民主主義の赤字（民主主義について民意と政策間に生じたずれ）問題について語り、多くの場所で競合型選挙以外の新しい民主主義形式が討議されている。二〇〇八年の年末にアメリカで一本のドキュメンタリーが製作された。そのタイトルは『選挙を超える』であり、北米と南米の各国が選挙を超えた民主主義をいかにして模索したかという内容である。これとほぼ時を同じくしてアメリカのプリンストン大学であるシンポジウムが開催され、「選挙の無い民主主義」について討議された。中国では相当数の人間がこのような状況を理解しておらず、頭の中にはこの普遍的で単純なモデルしか存在していない。このため導き出される理念は、これほどまで単純で粗野なものでしかないのだ。

現実として欧米の体制は深刻な苦境に陥っている。このことに関してはかつて「歴史終焉論」を吹聴していたフクヤマでさえ認めないわけにはいかなかった。二〇一一年に出版された新書『政治の起源』の中でフクヤマは、中国政府は各利益集団の束縛を回避して迅速に政策を決定することができ、なおかつその成果はかなりのものであること、また一方でいわゆる「民主主義」政府は競争、足の引っ張り合いによって民衆の利益を犠牲にしていること、を認めている。さらに重要なことはフクヤマが制度の適応性について問題提起していることである。フクヤマは言う。「環境の変化に政治体制が適切に順応できなくなる時、政治の衰微は必至である」と。フクヤマは中国とアメリカを対比して次のように語っている「私たちアメリカ人はいつも私たちの実用主義を誇りにしているが、今の私たちに必要なのは中国人よりもイデオロギー化することである。これに反し中国人はあらゆる公共政策の試行を積極的に行っている」。

制度の硬化についてフクヤマは次のように明言している「アメリカは自らの成功による被害者となった」「成功した制度は容易に膠着する。なぜなら人というものは初期の成功に満足し、変化することを望まないからだ」。しかしこれは一部を言い当てているに過ぎない。アメリカの経済学者マンサー・オルソン氏の「分配連合」に関する見解もまた、制度の硬化を説明している。この概念は一九八二年に出版されたオルソン氏の『国家の興隆と衰退』の中で言及されている。オルソン氏の考えによると、過度に安定的な政体は強大な勢力を有する「分配連合」を容易に生み出してしまう。「分配連合」は社会全体の利得に関心を示さず、ただ「レントシーキング（超過利潤の追求）」に専心し、現有する社会全体の利得からどうにかして少しでも多くのおこぼれをもらおうと画策する。オルソン氏が言わんとしていることとは、一定の期間を置いて「運動」が起こることは良いことであって、それは「分配連合」を撲滅しその後の経済成長を促す、ということである。

オルソン氏は二〇〇〇年に出版された遺著『権力と繁栄』の中で、中国とソ連をより直接的に比較している。中国の改革が成功した要因についてオルソン氏は、凝り固まった制度を毛沢東が打ち壊したことによって当時の中国から一切の「分配連合」を一掃し、その後の改革のため道を掃き清めたからだと考えている。まさにこうした意味においてアメリカのイェール・ロー・スクール（イェール大学法科大学院）のスーザン・ローズ－アッカーマン（Susan Rose-Ackerman）教授は、「マンサー・オルソン氏は毛沢東主義者ではないのか」といった大変興味深い問題提起をしているほどである。事実、毛沢東の政治論および毛沢東思想は、アメリカの政治理論界やイデオロギーに大きな影響を及ぼしている。アメリカの優秀な学者は皆、末端層の力を強化するためにアメリカはわずか二党ではなく、三党制あるいは多党制であるべきだと理解している。民主、共和の二党は今や「分配連合」と化し、どのような改革であれ二党の主導的地位を脅かすことを許さず、また選挙に関する法規の改定により、さらなる党派が連邦議会や二党間の競争に参戦することを断じて許さない。このようにアメリカの選挙政治は利益集団に支配され、選挙制度の根本的な改革案は連邦議会において見向きもされない。こうしたことによって論理的矛盾が生じ、選挙政治は自ら硬化していく。これなどもカナダのいくつかの州が選挙法の改革制度を事前に取り決める際、議会を避けて取り決めた理由である。

同様に私たち中国は、社会主義制度を「本質化」する傾向を警戒しなければならない。このような傾向を次のように説明する者もいる「自分たちは社会主義とはどういったものであるかを知っている。理解している社会主義と異なるものは社会主義ではない」。しかし中国共産党が追い求めているものは一貫して動的な考え方である。長期的目標は抽象的な意味において戦略的構想に属するものであるが、その具体的な達成方法は全て開放的な探求を経るべきである。新民主主義革命の時期の「三つの大きな山（帝国主義、封建主義、官僚資本主義という三大宿敵）」を打倒するといった目標は明確であったが、どのように、そして誰の力を借りて実行するのかという点に関しては、繰り返される探求により回答を導き出した。新中国誕生後も同様に、各人の平等を実現するという長期的目標は明確であるが、どのようにして社会主義の道を歩むのかに関しては固定的な方針など無く、永久に探求し続けていかなければならない。

経済・社会の総合的発展レベルから見ると、一九五〇年に中国の人類開発指数（ＨＤＩ）は極めて低く（ＨＤＩが〇・二二五）、ソ連の三分の一にも満たなかったが、二〇〇五年になると「上の中」にランクインし、当年の「兄貴（ここではロシアを指す）」まであとわずかとなった。六〇年の間に中国の人類開発指数は〇・六も上昇し、成長速度は諸外国、とりわけスタートラインが中国と等しかった人口大国であるインドを大きく引き離して世界一位となった。このことから分かるように、中国が社会主義の方向性を堅持したことは正しい選択であった。

しかし正直に言うと、理想的な社会主義社会をどのように建設するかということに対して中国は、いまだに完全無欠な方策を見出せていない。ただ中国は進むべき方向を定めたにすぎず、それは生産力を解放し発展させること、社会全体の物質的な富を最大限に増やすこと、搾取と抑圧をせん滅すること、二極分化を無くすこと、社会の公平と正義を実現すること、そして階級闘争の無い「自由人の連合体」「そこにおいては一人ひとりの自由な発展が、全ての人の自由な発展の条件である」といった社会を段階的に構築することである。

過去の経験が私たちに教えているのは、社会主義建設に最も重要なのは非現実的で抽象的な理想論ではなく、社会主義の方向をしっかりと見極める力であり、歴史がすでに終わっているといった考えを拒む英知や、回り道することなく社会主義の未来に向かって邁進する勇気、そして社会主義を実現する新しい道筋を絶えず探求する知勇を有しているか否かということである。

過去六〇年の間、中国は社会主義の方向を固く守ると同時に、中国の国情に即した社会主義の道を倦まずたゆまず探求してきた。もちろん、前半三〇年にしろ後半三〇年にしろ中国は回り道をしてきたのは事実である。しかし探求、革新、前進をしようとするならばどうしたって少々の回り道は避けられないものである。肝心なのは毛沢東から胡錦濤に至るまで中国の指導者が皆「歴史はすでに終わった」といった類のでたらめな理屈を今までに一度たりとも受け入れたことがなく、また「世界のどこでも適用する」といった「普遍的モデル」「普遍的価値」の存在を信じたことが一度もなかったことである。逆に中国共産党が重点を置いているのは、実践と試験を通して学習し、必要とする経験や教訓を常にくみ取り続けることである。また「適切なものは継承し、不適切なものは変革する」ことを守り、政策の目標と手段の調整を絶えず行い、絶えず変化する環境に適応していくことである。

六〇年来中国は、社会主義という大きな目標に向かって一歩一歩着実に邁進してきた。確かに今日の中国にはたくさんの深刻な問題が存在し、緊迫した多くの試練に直面しているが、それでも社会主義の方向を堅持していくことでこの道はこれから先、前進するほどに広がりを見せるであろう。

九〇年来中国共産党は常に積極的な探求を行い、社会主義という「バージョン」の「グレードアップ」を実現してきた。言い換えればこの道は動的で絶えず進歩するものであって決して停滞したり硬化するものではない。総じて言えば戦略は遠大、戦術は柔軟。その道は複雑であるが前途は明るい。初めは単純であってもその終わりには巨大な影響、変化を伴うということである。

三　人民社会の建設

世界も国も社会もそこに属するわれわれのものだ。われわれが声をあげなければ、誰が言うのか。われわれがやらずして、誰がやるというのだ

——毛沢東

「市場社会」の超越

「社会建設」は現在直面している重大な課題であり重要なキーフレーズでもある。しかし中国共産党が掲げるのは「社会の再建設」である。なぜならば「社会建設」という言葉は容易に誤解を招くからであり、つまり中国は今まで社会を建設してこなかったかのようにとられてしまうからである。中国では数千年にわたって父系同族集団、同族支配体系といった非公式な組織形態を最大限活用し、あるいはその機能に頼って経済、政治、文化等を営んできた。これは「国法」に相対するものであり社会性を帯びたものである。このような意味において中国は社会建設大国と言えよう。中国における革命や建設の目標は当然新しい社会の創造であり、たとえそれが「識字班（中国の民主革命期に革命拠点にて運営された大衆教育組織）」や合唱団、さらには幾分公式性を帯びた工員団、青年団、婦人団、児童団、

少年先鋒隊（課外活動等による共産主義教育を目的とした青少年組織）であろうとも全てこのような社会的組織に属している。

今日、中国の直面している現実的な問題とは、一つには数千年にわたり築き上げてきた社会組織の瓦解、崩壊であり、これは「数千年間に一度も経験したことのない大激変」である。またもう一つが社会の商品化、工業化、市場化により革命時代の遺産である社会組織が揺り動かされていることであり、別の言い方をすればこの様な遺産が新しい経済的基盤に適応できなくなったため、社会を新たに再建しなければならなくなったということである。

今日、中国の社会再建設には二つの方法が選択肢として挙げられている。その一つが他国の「市民社会」をそっくりそのまままねをし、中国既存の伝統や遺産をことごとく放棄し打ち砕いてしまうことである。そしてもう一つが中国の国情に基づいて比較と参照、継承と革新を行い、厖大なる人民大衆の積極性を動員し、私たちが人民社会と呼ぶところの新しい協力型社会、包容型社会を建設することである。このような二つの道、二つの選択は社会の再建設にとってはまた二つの将来、二つの運命でもある。

中国の社会再建設は長い歴史的な時間の中で考察しなくてはならない。社会化といった問題は産業化に伴って現れたものである。つまり十七、八世紀の産業革命により暮らしに関わるあらゆる方面が機械化、産業化、商品化され、その結果社会の規律を失うといった非常に大きな問題が生じた。このため多くの社会学者が、「有機的社会」はいかにして「機械的社会」へと変わっていったのか、またどのようにすれば「機械的社会」をより有機的に変えることができるのかについての解釈を試みるようになった。このように社会建設は中国に限られた問題ではないが、中国の特異な点は第一にその「スピード」が挙げられる。欧米の産業化、都市化、商品化は二、三百年という非常に長い時間をかけて形成されたものだが、中国はこの変化に必要な時間を二、三十年に圧縮してしまい、その変化は非常に速いものであった。第二に「大規模」が挙げられる。アメリカとヨーロッパを合わせてみても、その都市化、商品化、市場化の規模は今日の中国には及ばない。そして第三に「集合体の多さ」が挙げられる。中国にはさまざまな集合体が存在する。例えば沿海地区、中部地区、西部地区、また都市と農村、さらには漢族とその他少数民族というように非常に多くの異なる集合体が存在する。これに対し欧米諸国は規模が大変小さいため、その内部に存在する集合体の数もそれほど多くはない。このため欧米では同じ解決策により大量の問題を処理することが可能である。しかし中国のように数多くの集合体が存在する国において問題を解決しようとするとき、あるところに適用できた解決策が他のところにも適用できるかといえばそうとは限らないし、あるいはそのまま適用できる場合もある。

つまり社会の再建設について言うと、中国はある方面では他の国と似通った点があり、また別の方面では中国の特色が顕著である。

今までの社会に市場が無かったわけではない。本来市場というものは社会と関係性を有し、社会と融合したものである。しかしながら資本主義が勢いを増すと商品化の流れにより市場と社会の関係性が失われていき、いわゆる「自由市場」と化してしまう。その結末は非常に深刻なものであり、欧米であろうと中国であろうとその深刻さに変わりない。欧米において最も深刻な時期は十九世紀後半から二十世紀前半にかけてであり、激しい階級闘争や二度の世界大戦は、こうした社会との関係性が失われた結果の産物である。これについてはマルクスがうまく説明している。つまり資本主義が一切の社会関係を破壊してしまい、その代わりとして生々しい商品的、金銭的関係を生み出したからだ、と。

一九八〇年代初期に中国は市場経済に向かう強行軍と化した。市場が神秘的な力を有していることは疑う余地がない。それはまるで石を金に変える魔法の杖のようであり、あらゆるところに社会的な財産を一瞬のうちに呼び出すことができる。これまで商品の欠乏に苦しめられてきた中国人は、二〇年という短期間で比較的過剰な時代へと突入していった。それはまるでついこの前のことが全く別の時代のことのように感じられるほどであった。しかし市場メカニズムは経済の加速装置であるだけでなく、研ぎ澄まされた刃のようでもある。それは人間と社会的集合体の間にある倫理的な絆を無情にも断ち切る。そして人間を、市場の中にあって自身の利益最大化を追求する独立した個体へと変えてしまう。市場のパワーが社会を「市場社会」へと変化させる時、これまでは集団や単位（企業・機関・学校・軍・その他各種団体などの各個人が所属する組織のこと）、家庭に寄り添って暮らしてきた人たちも、自分自身だけを頼りとすることを学ばなければならなくなる。しかしながら現代社会にはさまざまなリスクが満ち溢れているため、一人ひとり（とりわけ社会階層の下・中層に属する人たち）は自分自身に関する全責任を負うことがますます困難になっていく。市場のモデルチェンジが加速化し一切のソーシャルセーフティネット（ＳＳＮ）が破壊されると、その後の状況は壊滅的である。これこそ市場化によって大量の富を生み出したにもかかわらず、あらゆる不穏な要素もまた加速的に増加していると人々が感じている理由である。今では上から下まで全ての人が、中国は今まさに深刻な脅威にさらされていると認識している。

中国において市場が社会と乖離した最も深刻な時期は一九九〇年代である。当時の状況は市場社会と呼ぶにふさわしいものであった。つまり社会もまた市場の原則に沿って運営され、すなわち等価交換が行われ、金銭がなければ公共のサービスを受けることができなかった。こうしたことによる一連の問題を解決するためには、市場を再び社会と融合させる必要があった。つまり「市場社会」を「社会市場」にすることであり、市場の原則を優先させるのではなく社会の原則を優先させる必要があった。九〇年代の中国は市場の原則を優先させたが、現在中国が構築しているのは社会市場である。この社会市場においては、市場は依然として資源配置の主要なメカニズムではあるが、それでも政府は再分配といった方法により、人間の生存権に関わる領域に対して極力「脱・商品化」を行っている。市場の営みによる成果は全人民が平等に享受できるようにし、また市場の運営に関わるコストは社会の各階層で均等に分担する。このようにして市場を社会の倫理的関係の中に再び組み込んだ。

中国政府は政治的意欲を有しているのみならず財政能力をも有しており、社会市場の助産婦的役割を果たしているということを、この数年に打ち出された一連の社会政策ははっきりと示している。意欲にしろ能力にしろまだ強化される余地が残されており、また今日の中国社会には深刻な問題がたくさん山積しているが、中国の社会政策は歴史的な転換点という意義を有しており、その重要性は計り知ることができない。

市民社会の超越

いかにして社会の再建設を行うのか。今日、欧米由来のある言葉が学会を席巻している。それはいわゆる「市民社会」である。この言葉は社会学、社会福祉、政治学の分野で大変流行しており、主導的地位を占めているように思われる。「市民社会」の英語は civil society であるが、これは実のところ新しい概念ではない。かつてトマス・ホッブズやジャン＝ジャック・ルソー、ゲオルク・ヴィルヘルム・フリードリヒ・ヘーゲル、マルクス、アレクシ・ド・トクヴィル、アントニオ・グラムシらは皆この概念を用いた。しかし彼らの理解している内容が全く同一というわけではなかった。文脈によってはこの言葉もまた「文明社会」や「シビル・ソサエティ」と訳される。簡潔に言うと市民社会とは家庭や国家と異なり、まして市場とはなおさら異なるものであって、それは家庭、国家、市場の橋渡しをするものである。市民社会はその全てが個人的なものではないため「市民」という言葉がついている。また市民社会は国家および市場に属さないため「社会」という言葉を有している。この二つの意味に基づいて、これらの間に存在する空間が「市民社会」と名づけられているのだ。

今はやりのこの「市民社会」論について正しく理解することと再認識することが重要である。

このような理論に対する批評を二つの側面から行うと、まず第一にこの理論によると市民社会は均質的な一つのまとまりであり、階級間の格差などまるで存在しないかのようである。そこでは、あらゆる「社会団体（中国の政治体における重要な構成要素。非政府組織でありながら準政府的性格をもつ）」が完全な平等の下に競争を行なっているという。もちろんこれはでたらめである。第二に、市民社会はパラダイスのようなもので腐敗した国家と相反するものであるとし、良いことは全て市民社会によってなされたものであり、悪いことは全て国家によるものとしている。これなども当然でたらめである。このような二つのでたらめを見ても明らかなように、市民社会論のイデオロギー的根源は「自由主義」である。

市民社会はまた非常に入り乱れた概念でもある。実際に家庭、市場、国家の間には「良い」組織以外にもいくつかの組織形態が存在する。例えばイタリアの「マフィア」もまた基本的にはこのような三者の間に介在するものである。他にも香港の「三合会（清代の民間秘密結社）」、日本の「オウム真理教」、アメリカの「クー・クラックス・クラン（ＫＫＫ）」さらにはオサマ・ビンラディンの「アルカイダ」など、これらは皆非政府組織である。このような例を挙げたらきりがない。しかしこのような組織が民主主義を促進するだろうか。市民社会論を唱える人たちでさえ、恐らくそのようには考えないだろう。

社会再建設の目標とは一体何か。市民社会を打ち立てることであろうか。私たちの考えでは、社会主義の国、中国における社会再建設の目標とは、人民社会つまり「六億の神州（中国の意）ことごとく尭舜《ぎょうしゅん》（古代の聖天子）」[訳注2]（毛沢東の詩『送瘟神』其二の句より。六億の人民は皆本物の聖天子であり、この人民が世の中や歴史を作る）といった社会の建設しかありえない。市民社会という言葉はいくつかの含意を有しているが、この言葉の愛用者はそれを明確に言い表していない。ここでは市民社会という言葉に隠された本当の姿について説明を試みたい。なぜならばこの言葉

訳注2　参考の出典：http://www5a.biglobe.ne.jp/˜shici/shi4_08/maoshi49.htm

の愛用者は人民社会の立脚点からあまりにもかけ離れているからである。

第一に、市民社会には階級間格差が存在する。マルクスもまたこの civil society という言葉を使っているが、マルクスはこの言葉をしばしば資産階級社会と同義に見なしている。マルクスの偉大な貢献の一つに階級の分析が挙げられるが、それとは反対に市民社会論の基本的な前提は「市民社会には階級が存在しない。全国民は国家とのみ対立していて、国民間には対立が存在しない」といったものである。これはまさに社会をロマンチック化していると言えよう。王紹光氏は「見識を備えた人間なら誰でも知っていることだが、現実の市民社会は決して同質的な実体ではなく、また牧歌的な楽園でもない」と指摘している。それどころか市民社会には貧民窟もあれば庭付き一戸建て住宅も存在する。血もあれば涙もあるし、剣も火も存在する。それなのに静かで平和な場所として表現するなど、無知によるものでなければ人を欺いているとしか思えない。人民社会を建設するには階級、や階級間格差が存在することを認めなくてはならない。それを資産階級と呼ぼうが管理者階級と呼ぼうが、いずれにしても一般大衆との間に階級間格差が存在することに違いはない。階級間に存在する矛盾を必ずしも激しい衝突と捉える必要はないが、それでも格差が存在していることは認めるべきである。階級関係に着手し、階級間格差を段階的に縮小し最終的には無くす。これは中国の社会再建設において大変重要なテーマである。階級の消滅を空論に終わらせないためには制度的保障が必要である。社会の再建設はまず社会主義経済の基礎固めから着手しなくてはならない。こうした基礎が無ければ社会主義的な社会再建設など夢のまた夢である。

第二に、市民社会論はしばしば「慈善」を提唱するが、慈善という言葉は非常に欺瞞に満ちており、この言葉には「社会に存在する巨大な格差を受け入れ、またある者には金があり、しかもうなるほどの大金があり、またある者には金が全く無いということを受け入れなければならない。さもなければ慈善とは言えない」といった意味が隠されている。欧米にしろ中国にしろ慈善事業とは一部の金持ちが自分たちの有り余る金からほんの少しだけ慈善に用いることを意味している。慈善という言葉の中には、経済格差に対する肯定だけでなく社会差別に対する肯定も暗に含まれている。昔ある英語の本に「金持ちはなぜ慈善を行うのか」といった内容が書かれていたが、実際に慈善活動の場に行って見ればすぐに分かることだ。欧米社会、そして今日の大都市で行われている慈善活動は金持ちの社交手段と化し、大衆の面前で自身の身分や地位をひけらかすうってつけの場となっている。しかも一般的な社交（party）に比べ一層排他的である。金持ちは慈善活動という行為により一般大衆と一線を画し、またそれほど富裕でない中産階級とも線引きを行おうとしている。

これこそ社会主義的要素が比較的濃い欧米の一部の国において慈善が奨励されず、慈善を制限する法律が制定される理由である。ある国では政策面で慈善献金を奨励せず、このような慈善献金に対する税の減免を行わない。しかし中国国内では慈善団体や慈善献金のために減税を行うことを唱える者が多い。これは自由主義の典型的なやり方である。しかしあのような、社会主義的要素が比較的濃い欧米の国では減税を行わずに、政府が税収の一部を社会事業に回している。これは例えば非営利組織から公共サービスを購入するといった形によってなされる。中国共産党は一貫して慈善企業に対する減税を否定しているが、それは前述した理由の他に中国の法規管理メカニズムが完備されていないためである。慈善企業に対する減税を実施したならばきっと偽の慈善団体があちこちにでき、必ずや収税の機会を失うことになる。人民社会の目標は平等であるため社会に不平等が存在することを黙認することはできない。ましてやこのように不平等が固定化されることなど許されるはずがない。

第三に、市民社会には「社会組織は国家から独立していなければならない」という前提が存在する。市民社会にとって最も重要なキーフレーズは独立性である。市民社会を研究している学者の一部は一日中拡大鏡を手にしてどの組織が本物のＮＧＯで、どの組織が偽物であるかをつぶさに調べている。しかし政府と関係がある組織は、その組織がどのような活動をしていようともＮＧＯとは別物でありＧＮＧＯ、つまり政府主導のＮＧＯと呼ばれる。

しかし市民社会の自主性を称賛するとき、大多数の人間が以下の疑問を無視しているように思われる「市民社会の組織は一体どのようにして経済的に生きのびてきたのか」「どこから資金を得ているのか」「国家や企業のコントロールから逃れて独立することなど果たして可能なのか」。しかしこうした疑問は決して軽視できるものではない。もしも市民社会の組織が主に政府の補助に頼っているならば、その組織はそれでも自主性を保てるのであろうか。または仮にこのような組織が主に会費制、有料制あるいは商業活動に頼っているならば、企業組織と一体どこが違うというのか。

奇妙なことだが「資金が市民社会の組織において問題となることはない」と一般的に信じられている。少なくとも欧米においては非営利部門がその機能を発揮するのに私的献金で事足りるため、市民社会の組織は政府の支持を必要とせず、商業活動に従事する必要もない。このため自主性を失う恐れがない。

不幸なことに「市民社会の組織が自給自足で運営されている」ということが広く深く人の心に浸透しているが、これは神話にすぎず何の根拠もない。事実はまさにその逆で、非営利部門の主要な収入源が私的慈善団体であるような国は一つもない。関連した調査によれば、いかなる国であれ私的献金の割合は最高でも二六パーセントを超えることはない。平均的な話をすれば社会団体組織の収入総額のうちわずか一〇・五パーセントだけが私的慈善献金（その主なものが個人献金であり、基金会や企業献金はわずかである）である。主な収入源はこれ以外であり、約半分（四八・二パーセント）が製品販売やサービス料による。そして残り四一・三パーセントが政府からのものである。

非営利組織の主な収入源によって以下のような分類が可能である。まず一つが、会費制、有料制、商業活動による収入が、その他一切の収入よりも多くて収入総額を占める割合が最大であるタイプ。このタイプの国は主にラテンアメリカや政策転換中の国に集中的に見られる。その理由は、このような地域の国は非営利部門を支持する機能が低下しているからである。

また別のタイプが、社会団体の経費を主に政府に頼っている国である。このタイプは西ヨーロッパや北ヨーロッパによく見られる。例を挙げるとドイツやフランスといったヨーロッパの大国において、政府出資による経費が非営利部門の収入総額を占める割合は、それぞれドイツで六四・三パーセント、フランスで五七・八パーセントとなっている。またベルギーでは非営利部門の支出額のうち八〇パーセント近くが政府の出資によるものである。スウェーデンでは非営利組織の収入の三分の二以上が政府からのものである。スイスは地方分権の典型例であるが非営利組織の財務については、ほぼ全額を政府からの割当金に頼っている。

さらに別のタイプが先進国の少数に見られるタイプで、オーストラリア、フィンランド、日本、アメリカなどが例に挙げられる。このタイプの特徴は私的献金が比較的多いことである。アメリカはこのタイプの典型と言えよう。しかしアメリカでは私的献金が他のどの国よりも重要であるにもかかわらず、決して非営利部門の主要な収入源とはなっていない。一九九五年、アメリカの非営利部門が獲得した収入のうち、私的な慈善献金が占める割合はわずか一二・九パーセントであった。最も重要な収入源は会費、サービス料、商業収入等であり、政府の補助金は二番目に大きな収入で、残りの三〇・五パーセントを占めていた。レーガン時代にはすでに高度に商業化されていたアメリカの非営利部門は、より一層商業化が進んでいる。

以上のように多くの国では政府資金がかくも重要であり、非営利組織にとってはこのような資金が得られなければ発展することができない。

この二十年、第三世界の各国には大量の市民社会組織が誕生しており、「結社革命」とまで呼ばれている。これらの組織は一体どこから資金を得ているのだろうか。この疑問に答えを提供する系統だったデータは存在しないものの、数え切れないほどの事例研究の結果から以下のことが明らかとなった。第三世界の非政府組織を成長させている主要な力は、先進国で勢いが盛んな大規模非営利組織ネットワークであった。そしてこのような「北のＮＧＯ」は常に、彼ら自身の政府による資金援助を受けている。

第三世界の国の多くに、二つのタイプの非政府組織が見られる。その一つが外国の資金を大量に有する組織であり、もう一つは資金が微々たるもので、そのうえ外国の資金援助も得られない組織である。前者の組織は生き残り発展することができるが、後者のタイプは組織が成熟する前に消滅するか、せいぜい小規模にとどまっているかである。問題なのはこの外国の資金で養われている組織が、現地の国民の利益や需要と必ずしも一致していないということである。ある意味においてこのような組織は人為的に作られたものと言える。もっとひどいことにこのような組織のうち一部は、他国の政府の代理人に成り下がっている。このような事象は東ヨーロッパの政策転換中の国にも見受けられる。

これまで説明したとおり、ほぼ全ての国の市民社会は主に商業による収益、政府の資金援助または他国の献金に支えられている。このような状況は当然、市民社会を進退きわまるジレンマへと追い込むことになる。一方において私的献金は独立性を維持するのに寄与するが、ただこれだけに頼っていては市民社会の成長は望めない。しかも私的献金のうち大規模な基金会や企業献金は、さまざまな条件を常に課してくる。もう一方において、商業活動あるいは政府、他国からの献金によって資金を調達することは確かに簡単ではある。しかしこうした収入を獲得するために市民社会の組織は往々にして自分たちの任務や組織の性質を変えざるをえなくなる。収入構造という観点から以下のように結論付けることができる。「完全な独立性を備えた市民社会はどの国にも存在しない。しかも経済的に独立することができないため外部からの影響を排除することもできず、そのため事業計画を自由に決定することも不可能である」

ここで述べる人民社会とは、社会組織にとって政府との、あるいは政府にとって社会組織との非常に緊密な関係、一体化した関係を指しているのであって、意図的にこれらの関係を対立させようとするものではない。市民社会論は独立性を重視するが、社会組織と企業・商業組織の密接な関係について見て見ぬふりをしている。いわゆるNGOと呼ばれる組織が「商業組織から独立すべきである」と主張するのを、私たちはほとんど聞いたことがない。むしろそれとは逆に多くの著名なNGOは商業組織、企業そして企業家たちと密接に結びついている。

今はやりの市民社会論は、「NGOは国家権力の機能を制約する」と熱心に主張している。これでは市民社会組織と政府の関係がまるで互いに衝突するよう運命づけられているかのようである。このような非政府組織は実のところ政治組織の一つであって、非政治的な中立組織ではない。このような組織は政府の下を離れて外部へと活動していくことを求め、そのためには政府と対立、対抗することとさえ厭わない。こうなると非政府組織は本質が変わってしまい、もはや非政治的な中立組織ではなくなってしまう。

このような外的効果（外部への働きかけ）を主張するはやりの理論とは異なり、社会組織が生み出す内的効果こそ民主主義の実現にとってより重要なのではないだろうか。まず外的効果と内的効果ではその発生条件が全く異なる。NGOが発展する条件として、その社会団体が政治的、公的といった性質を帯びつつも、政府のコントロールから距離を置いて独立していることが挙げられる。このようでなければ外的効果が生まれる可能性は低い。外的効果を重視するはやりの理論が、市民社会組織に政府から独立するよう執拗に求めるのもこうした理由による。独立性の強い組織こそ「市民社会組織」と呼ぶにふさわしく、そうでなければ「偽物」扱いされるだろう。

一方内的効果の場合は社会団体に対し明確な政治的意図を要求しない。なおかつ公的な組織であることや政府から独立していることも求めない。自由主義の古参であるアレクシ・ド・トクヴィルは「それが宗教的であろうと道徳的なものであろうと、また重要なものそうでないもの、目標が壮大であっても卑小であっても、組織が大きくても小さくても」あらゆる多種多様な社会団体は全て価値があると称賛している。トクヴィルにしてみれば文芸サロン、バー、書店、レジャーサークル、商工協会などは皆政治団体同様もしくはそれ以上に重要である。「もしも民主国家の国民に、政治目的のために団体を組織する権利や志が無いならば、財産や知識は長い間維持できるかもしれないが独立性は非常に大きな危険にさらされる。また日常の暮らしの中で団体を組織する習慣を養っておかなければ、文明自体が脅威にさらされるであろう」[注74]とトクヴィルは語っている。政治文化学者シドニー・ヴァーバと共同研究者もこれに共鳴し「政治参画の動機と能力は、基本となる非政治機関に根差している」と述べている。『哲学する民主主義』の著者であるハーバード大学のロバート・パットナム教授はさらに生き生きとした表現を用いてこのように語っている「合唱団、野鳥観察の会、研究クラブ、こうしたものに参加することで、自制心を養い、皆と協力して目標を達成する喜びを体得することができる」。この他にも世界各国では数多くの実証研究を通して「非政治組織に参加することで、政治への参画や政治に対する興味を刺激することができる」ことが明らかとなっている。

同様の理屈により内部効果を生み出せる社会団体であるためには必ずしも公的、自発的な、政府から距離を置いた完全自治型の組織である必要は無い。例えばドイツの非公的団体に関する研究により「このような組織の非公的性は、決して（面識のある）メンバーが互いに助け合ったり、資源を享受することを妨げるものではない」ことが明らかにされている。同様にイギリスの非自発的組織に関する研究では、自発的組織を重視する今のやり方に対して疑問を投げかけている。この研究によると十四〜十七世紀にイングランドの小規模な地域共同体内で活躍していた公的機関は、そこへの参画が強制的であるか自発的であるかに関わらず目に見える内的効果および外的効果を生み出していた。このように、社会団体の研究にあたっては組織の自発性をことさら重視する必要はない。つまり社会組織の外部効果を重視する理論は分析の枠組みを極めて限定的なものとし、その結果多くの興味深くまた重要な結社活動を研究の対象外としてしまう。

人民社会の建設にあたっては、社会組織の内的効果をより一層重視する必要がある。内的効果には主に以下の内容が含まれる。

一、協力する習慣と公共の精神の育成。社会団体、特に非政治的・非経済的な社会団体に人が集まるとき、人は協力する習慣をより容易に習得することができる。なぜならば、そこはいかなる利益とも関わりを持たないからである。反対に政治的・経済的な社会団体においては利益紛争から逃れられず、協力することが大変困難となる。

二、相互信頼、互恵、温和、妥協、許容、寛容といった品性の育成。団体活動を通して人は小さな自分を超え、互いに協力し助け合うことの必要性や優れた点を次第に認識するようになる。互いに信頼し合い極端な行動を避け、自分を抑えて相手を受け入れる習慣が身に付く。

三、人付き合い、共同作業といったコミュニケーション能力の育成。会議を開くにはどのようにしたらよいのか、大衆の面前で話をするにはどうすべきか、文書の書き方、プロジェクトの計画方法、論争の回避等々を学習する。このような習慣やテクニックを習得することにより、政治参画に必要な積極性や能力、政治的影響力そして競争意識が強化される。

ここで指摘しておくべきことは、前述した三点の習慣やテクニックがいずれも民主主義の社会に必要不可欠ということである。このようないわゆる非政治的・非経済的な社会団体組織内において、内部効果はこの組織をメンバーの民主的倫理観を養う「学校」とするからである。そこでは民主的な方法で互いに接し、共同生活を送ることなどを学ぶ。このようにもしも社会組織に民主を促進する働きがあるならば、その内部効果、すなわち協力、包容といった決して対抗的でない効果のことをもっと重視しなければならない。

注74　アレクシ・ド・トクヴィル：『アメリカのデモクラシー』、六三七頁、北京、商務印書館、一九八八年。

人民社会の建設に最も重要なことは、一三億に上る中国人民の根本的な利益が一致していること、そして五六の民族、五六の兄弟姉妹は一つの家族であるということをしっかりと認識することである。これこそ人民社会を再建設するための基本的な前提である。中国ではこうした基本的な前提が人民代表大会制度、中国共産党の指導する多党協力と政治協商制度、民族区域自治制度によって保証されている。中国の基本制度の枠組みを守ることは、すなわち人民社会のこの三つの基本的前提をしっかりと守ることである。

同様に共に豊かになるという目標をしっかりと持ち続けることは、中国において社会主義改革が順調に展開するための基本的な前提である。そして改革開放をしっかりと支えることは、すなわちこの基本的前提を固く守ることにほかならない。

一三億に上る中国人民の根本的利益が一致し、一つにまとまっているとき、「片方に難あれば、八方に支援あり」、「人民が互いに助け合う」といった感動的な状況を生み出すことが可能となり、また人民の団結、人民の社会によってあらゆる困難や挫折を乗り越えることができる。

「共に豊かになる」という社会主義改革の方向性を固く守るとき、たとえ利益の分化、地域間格差が生じたとしてもそれは一時的なものであり、人民に理解してもらえる「誰が先で誰が後か」といった問題にすぎず、このような困難は最終的には克服できるものとなる。反対にもしもこうした方向性を死守できず、このような分化や格差が「必然的」なものであると黙認してしまい、分化や格差が拡大していくに任せて何の手立ても講じなければ、社会建設の事業目標が未達に終わるだけでなく、ひどければ中国社会の団結が崩れて社会は崩壊し、中華人民共和国の基本的な政治の枠組みも揺らぎ、そして改革開放の成果さえ失ってしまうことだろう。そうなると中国は散り散りの状態へと後戻りしてしまう。

いわゆる「人民社会」は二つのたくらみを抱いている。それは第一に民衆が政府と争うよう扇動すること。第二に民衆同士が争うよう扇動し、さらには裕福な者が貧しい者に戦いを挑み、貧しい者が抵抗できないようにすることである。

確かに昔の中国は声をあげない中国であった。しかし新しい中国は人民が主人公となって立ち上がる中国だ。中国社会の再建設、それは人民の主体性の再建設であり、また人民社会の再建設である。一三億に上る中国人民の根本的な利益の一致、中国全人民の大団結。このことを重ねて声明することは「共に豊かになる」という大原則を重ねて声明することである。

中国の社会主義民主政治、中国の社会主義市場経済、中国の社会主義文化そして「一三億に上る中国人民の大団結」を目標とする人民社会。これらを結び合わせるためになくてはならないもの、それが中国共産党の粘り強く正しい指導である。これこそ私たち中国の社会主義の道そのものである。

中華民族はこの希望に満ちた道を歩み続けてすでに九〇年になる。しかしこの九〇年は序曲に過ぎない。偉大な叙事詩は序曲から始まるものだが、この序曲はまだ始まったばかりである。中国がこれから直面するであろう試練はますます厳しさを増すであろう。しかしこの道は進むほどに広がり、その成果はますます偉大なものとなる。これこそ私たち中国の偉大なる先人たちが強く望んでいたことである。

付録

表１　中国の主要な全体指標：アメリカ追随指数（1950～2010年）単位：%

指標	1950	1960	1970	1980	1990	2000	2010	中国がアメリカを超えた年
食糧生産高	-	67.02	107.48	103.86	129.45	118.89	115.21	1968年
鋼生産高	0.7	1.1	17.8	36.6	73.9	126.2	976.0	1993年
工業増加値	-	-	10.26	9.84	9.20	23.72	70.12 (2008)	2015年頃
城鎮人口数	-	84.3	94.3	114.8	165.5	202.5	232.8 (2009)	1974年
GHDI	-	-	176.06	196.17	244.00	284.26	316.07 (2009)	1970年以前
高速道路	-	-	-	-	1.1	16.5	93.8 (2009)	2011年
GDP（PPP）	4.9	9.6	17.3	24.2	36.6	53.8	67.1	2015年頃
GDP（為替レート換算値）	0.6	1.5	2.3	3.6	6.3	12.3	40.0	2019年頃
携帯電話数	-	-	-	-	0.3	78.1	263.2	2005年
インターネット・ユーザー数	-	-	-	-	0.1	16.9	185.2	2008年
エネルギー消費量	-	-	24.67	33.16	45.06	48.12	104.2	2009年
二酸化炭素排出量	-	26.72	17.48	31.08	50.58	59.30	112.02 (2007)	2006年
国際特許数	-	-	-	0.03 (1985)	0.77	1.96	27.37	2030年頃
国際論文数	-	-	-	0.50	3.72	12.94	37.59 (2009)	2025年頃
人的資源総量	-	-	-	252.69	261.44	286.05	313.59 (2009)	1960年以前
輸出額	1.78	4.00	7.18	10.39	25.57	75.28	83.25 (2009)	2010年
貨物輸出入総額	3.94	4.21	7.14	8.81	20.64	58.70	76.92 (2009)	2011年
総合国力	2.3	7.6	14.4	27.5	24.3	39.2	66.7	2030年頃

補足：追随指数はアメリカに対する中国の各指標比を指す。ＧＨＤＩは人類開発指数と人口の積を指す。人的資源総量は人口と平均就学年数の積を指す。

データの引用元：異なるデータ引用元に基づいて筆者が算出

表2　中国の主要な発展指標（1950～2009年）

指標	1950	1978	2009
高速道路総延長距離（万km）	0	0	7.4(2010年)
森林被覆率（%）	8.6	12	20.36
乳児死亡率（‰）	195	38(1980年)	17.77(2008年)
平均余命	35	67.8(1980年)	73
15歳以上の平均就学年数	1.0	5.3(1980年)	9.0(2010年)
国際科学技術論文発表数の世界に占める割合（%）	-	0.2	10.9
R＆D経費支出のGDPに占める割合（%）	-	0.7(1990年)	1.7
非識字率（%）	80(1949年)	22.8(1982年)	4.08(2010年)
人類開発指数	0.225	0.53(1975年)	0.793(2008年)
インターネット普及率（%）	-	-	34.3
一人当たりGDP（1990、基軸通貨米ドル）	448.02	250.00	6724.77
城鎮（都市・町）化率（%）	11.2	19.4	48
非農業産業増加値比（%）	41	71.81	89.74
貧困率（国際貧困ライン）	-	73.5(1981年)	7(2007年)

補足：貧困率は世界銀行の規定に基づく、一人当たりの一日平均支出額が一米ドル未満の人口を総人口で除した割合を指す。

データの引用元：異なるデータ引用元から筆者がまとめた

図1　四カ国の購買力平価ＧＤＰ対アメリカ比（1950～2008年）

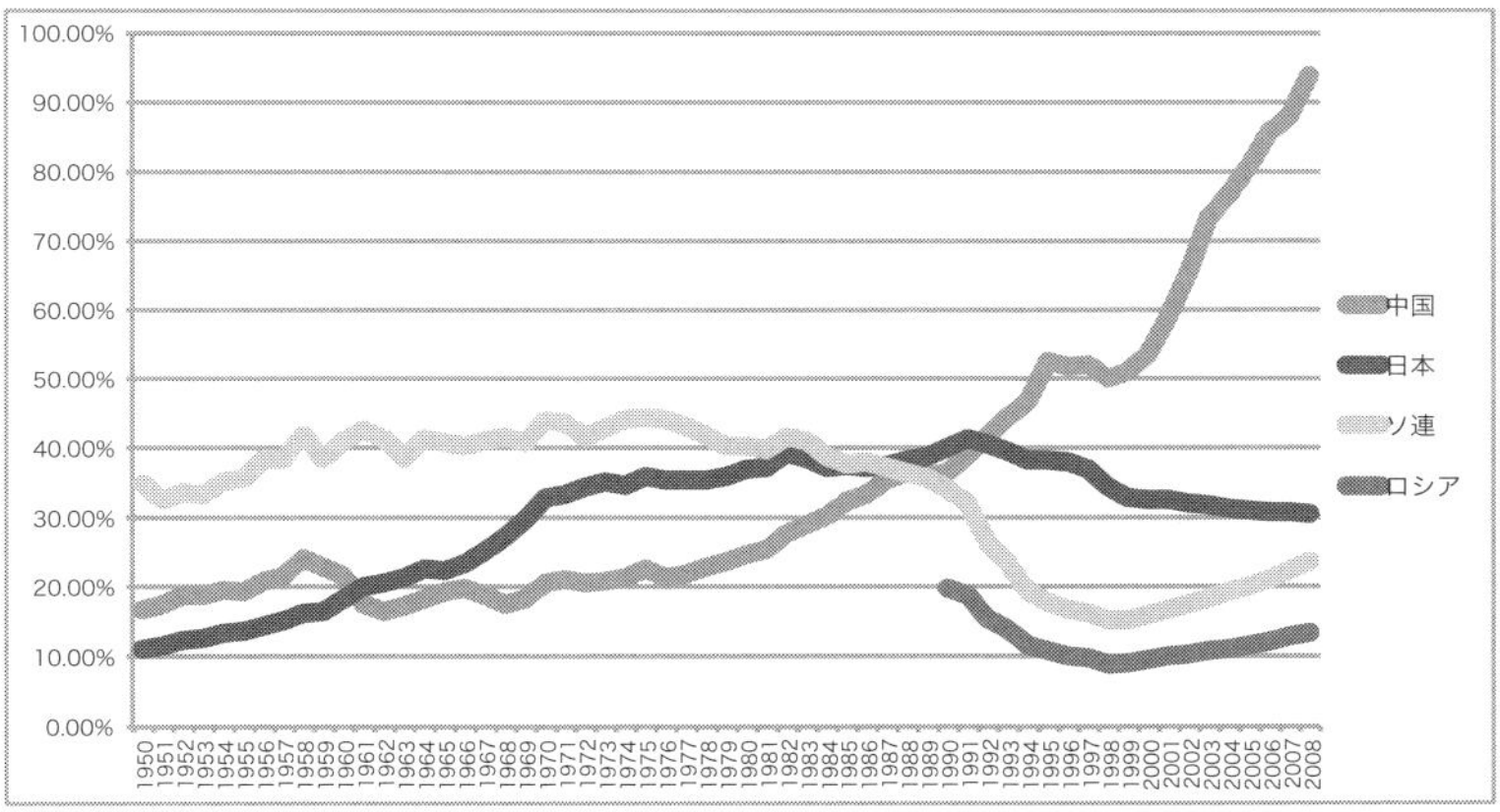

データの引用元：Angus Maddison,Historical Statistics of the World Economy:1-2008AD. http://www.ggdc.net/maddison/.

あとがき

「中国共産党創立九〇周年の記念として中国の道を研究し、探索を行う」、これは周建明の提議による。「中国の道と中国共産党」という重大なテーマに沿って胡鞍鋼、王紹光、黄平、周建明、韓毓海ら五名は二〇一〇年一一月から二〇一一年五月までの期間を費やし研究、議論を重ねた。その結果、韓毓海が参画者の意見および成果のとりまとめを行い、本書を執筆するという結論に達した。

下編・第一部は胡鞍鋼が初稿を起こし、下編の第二部、第三部は主に王紹光の研究成果をとりまとめたものである。黄平、周建明は全篇を通じて討議に参画し、重要かつ建設的な意見を提供した。そして韓毓海は本書の上編・下編の執筆および監修の任に当たった。

中国人民大学出版社は本書の出版を非常に重視し並々ならぬ労力を費やした。また清華大学国情研究センターの鄢一龍氏らは本書のために骨惜しみせず尽力してくださった。

このように本書執筆に参画したメンバーは中国共産党の事業に対する忠誠心と、九〇年にわたる中国共産党の偉大な奮闘の歩みに対する敬慕の念を抱きつつ、一致団結して誇り高い闘いの砦を築き、生涯忘れることのできない日々を過ごした。

私たちは団結と協力を通して、各方面で戦っている仲間と同様に「理論を実際と関係づけ、また大衆と密接につながり、批判と自己批判を行う」といった党の素晴らしい伝統的洗礼を受けた。夜を日に継ぐ執筆活動のさなかにあって、私たちは偉大なる中国共産党の建党九〇周年という栄えある日を迎えることができた。

私たちは、このように未完成な思考および探索に対する読者の情熱的で忌憚のない批評、指摘を渇望している。

筆者

二〇一一年六月

【著者紹介】

胡 鞍鋼（こ　あんこう）

1953 年生まれ。現在、清華大学国情研究センター長、同大学公共管理学院教授、博士課程の指導教官を務める。「第 13 次五カ年計画」専門家委員会委員。邦訳に『中国のグリーン・ニューディール』『中国の百年目標を実現する第 13 次五カ年計画』(共に日本僑報社) 他多数。

王 紹光（おう　しょうこう）

香港中文大学政治公共行政系教授。清華大学長江講座教授、著名な政治学者で、政治学の本土化の道を切り開いたパイオニア。

周 建明（しゅう　けんめい）

元上海社会科学院アジア太平洋研究所所長、現上海社会科学院社会発展研究院院長、社会学研究所所長。主な著書に『美国安全解読』『和諧社会構建』など。

韓 毓海（かん　いくかい）

北京大学中国言語文学系教授。中国の思想文化界に大きな影響力を持つ著名な学者。代表作『五百年来誰著史』は 2010 年の優秀ベストセラー書籍ランキングで総合一位を取得し、当該書籍の独創的な成果は党政の指導、学術界のみならず一般の読者の強烈な共鳴を得た。

【訳者紹介】

中西 真（なかにし まこと）

1968 年兵庫県生まれ。明治大学工学部卒。住宅機器メーカーに勤務後、中国人民大学に短期留学し、中国語を学ぶ。帰国後、出版翻訳を学ぶべく日中翻訳学院「武吉塾」にて武吉次朗先生に師事、現在に至る。主な受賞歴は NHK World Chinese パーソナリティー大会優勝（2014 年)、日中友好協会中国語スピーチコンテスト東京大会　弁論の部優勝（2014 年)。訳書に第 4 回翻訳新人賞を受賞した『日本人には決して書けない中国発展のメカニズム』(日本僑報社）がある。

中国の発展の道と中国共産党

2016年12月23日　初版第1刷発行

著　者　胡 鞍鋼（こ　あんこう）、王 紹光（おう　しょうこう）、
　　　　周 建明（しゅう　けんめい）、韓 毓海（かん　いくかい）

訳　者　中西 真（なかにし　まこと）

発　行　段 景子

発行所　株式会社 日本僑報社
　　　　〒171-0021 東京都豊島区西池袋3-17-15
　　　　TEL03-5956-2808　FAX03-5956-2809
　　　　info@duan.jp
　　　　http://jp.duan.jp
　　　　中国研究書店 http://duan.jp

2016 Printed in Japan.　ISBN 978-4-86185-200-8　C0036

日中文化 DNA 解読
- 心理文化の深層構造の視点から -

昨今の皮相な日本論、中国論とは一線を画す名著。

中国人と日本人の違いとは何なのか？

文化の根本から理解する日中の違い。

中国人と日本人　双方の違いとは何なのか？

中国人と日本人の違いとは何なのか？本書では経済や政治など時代によって移り変わる表層ではなく普段は気づくことのない文化の根本部分、すなわち文化の DNA に着目しそれを解読する。政治や経済から距離をおいて両国を眺めてみれば、連綿と連なる文化の DNA が現代社会の中で様々な行為や現象に影響をあたえていることが分かる。文化学者としての客観的な視点と豊富な知識から日本人と中国人の文化を解説した本書は中国、台湾でロングセラーとなり多くの人に愛されている。昨今の皮相な日本論、中国論とは一線を画す名著。

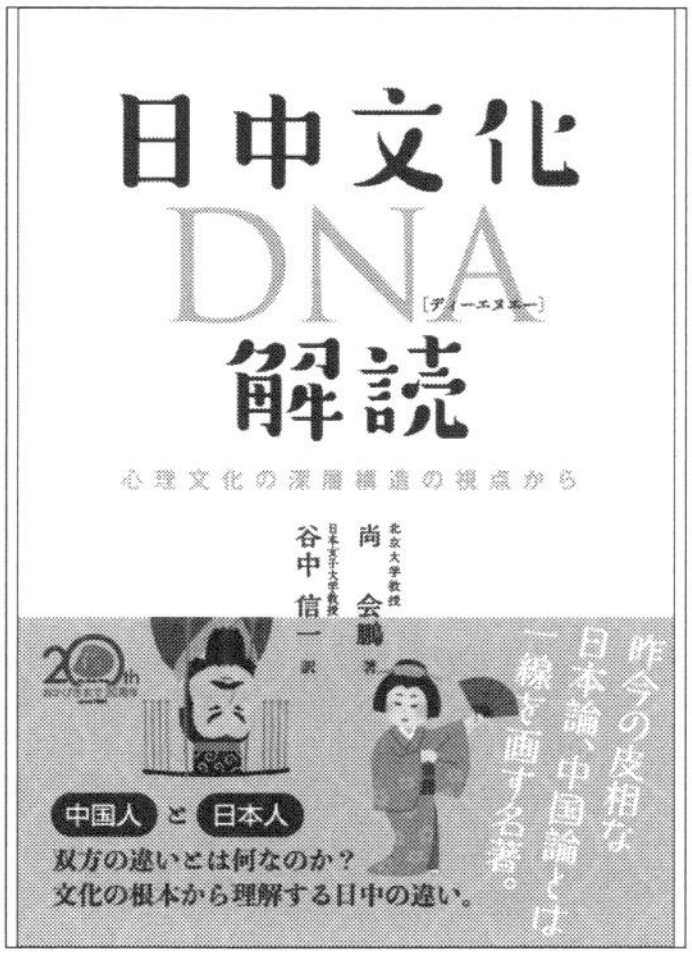

著 者　尚会鵬
訳 者　谷中信一
定 価　2600 円＋税
ISBN　978-4-86185-225-1

日本僑報社好評既刊書籍

新中国に貢献した日本人たち

中日関係史学会 編
武吉次朗 訳

続編も好評です

元副総理・故後藤田正晴氏推薦!!
埋もれていた史実が初めて発掘された。登場人物たちの高い志と壮絶な生き様は、今の時代に生きる私たちへの叱咤激励でもある。
－後藤田正晴氏推薦文より

A5 判 454 頁並製　定価 2800 円＋税
2003 年刊　ISBN 978-4-93149-057-4

同じ漢字で意味が違う

日本語と中国語の落し穴

用例で身につく「日中同字異義語 100」

久佐賀義光 著
王達 中国語監修

" 同字異義語 " を楽しく解説した人気コラムが書籍化！中国語学習者だけでなく一般の方にも。漢字への理解が深まり話題も豊富に。

四六判 252 頁 並製　定価 1900 円＋税
2015 年刊　ISBN 978-4-86185-177-3

若者が考える「日中の未来」Vol.1

日中間の多面的な相互理解を求めて

―学生懸賞論文集―

宮本雄二 監修
日本日中関係学会 編

2014 年に行った第 3 回宮本賞（学生懸賞論文）で、優秀賞を受賞した 12 本を掲載。若者が考える「日中の未来」第一弾。

A5 判 240 頁 並製 定価 2500 円＋税
2015 年刊　ISBN 978-4-86185-186-5

若者が考える「日中の未来」Vol.2

日中経済交流の次世代構想

―学生懸賞論文集―

宮本雄二 監修
日本日中関係学会 編

2015 年に日本日中関係学会が募集した第 4 回宮本賞（日中学生懸賞論文）で、最優秀賞などを受賞した 13 本の論文を全文掲載。

A5 判 240 頁 並製　定価 2800 円＋税
2016 年刊　ISBN 978-4-86185-223-7

中国式
コミュニケーションの処方箋

趙啓正／呉建民 著
村崎直美 訳

なぜ中国人ネットワークは強いのか？中国人エリートのための交流学特別講義を書籍化。
職場や家庭がうまくいく対人交流の秘訣。

四六判 243 頁 並製 定価 1900 円＋税
2015 年刊　ISBN 978-4-86185-185-8

アメリカの名門 CarletonCollege 発、全米で人気を博した

悩まない心をつくる人生講義

―タオイズムの教えを現代に活かす―

チーグアン・ジャオ（趙啓光）著
町田晶（日中翻訳学院）訳

元国連事務次長　明石康氏推薦 !!
悩みは 100% 自分で消せる！
難解な老子の哲学を分かりやすく解説し米国の名門カールトンカレッジで好評を博した名講義が書籍化！

四六判 247 頁 並製　定価 1900 円＋税
2016 年刊　ISBN 978-4-86185-215-2

新疆物語

日本図書館協会選定図書

～絵本でめぐるシルクロード～

王麒誠 著
本田朋子（日中翻訳学院）訳

異国情緒あふれるシルクロードの世界
日本ではあまり知られていない新疆の魅力がぎっしり詰まった中国のベストセラーを全ページカラー印刷で初翻訳。

A5 判 182 頁並製　定価 980 円＋税
2015 年刊　ISBN 978-4-86185-179-7

新疆世界文化遺産図鑑

小島康誉／王衛東 編
本田朋子（日中翻訳学院）訳

「シルクロード：長安－天山回廊の交易路網」が世界文化遺産に登録された。本書はそれらを迫力ある大型写真で収録、あわせて現地専門家が遺跡の概要などを詳細に解説している貴重な永久保存版である。

変形 A4 判 114 頁 並製　定価 1800 円＋税
2016 年刊　ISBN 978-4-86185-209-1

第11回中国人の日本語作文コンクール受賞作品集

なんでそうなるの？
中国の若者は日本のココが理解できない

コンクール史上最多となる4749本の応募作のうち
上位入賞の71本を収録！！

一編一編の作文が未来への架け橋

今回のテーマは、「日中青年交流について――戦後70年目に両国の青年交流を考える」「『なんでそうなるの？』――中国の若者は日本のここが理解できない」「わたしの先生はすごい――第1回日本語教師『総選挙』in中国」の3つで、硬軟織り交ぜた課題となった。

そのうち上位入賞作を一挙掲載した本書には、一般の日本人にはあまり知られない中国の若者たちの等身大の姿や、ユニークな「生の声」がうかがい知れる力作がそろっている。

編 者　段躍中
定 価　2000円＋税
ISBN　978-4-86185-208-4

日本外務省、文化庁、在中国日本大使館などが後援
宮本元中国大使、石川好氏推薦！

永遠の隣人ー人民日報に見る日本人

永遠の隣人

書名題字 元内閣総理大臣村山富市先生

日中国交正常化30周年を記念して、人民日報の人物記事を一冊の本にまとめた。中国人記者の眼差しを通し日中友好を考える。

主編　孫東民、于青
監訳　段躍中
訳者　横堀幸絵ほか
定 価　4600円＋税
ISBN　4-931490-46-8

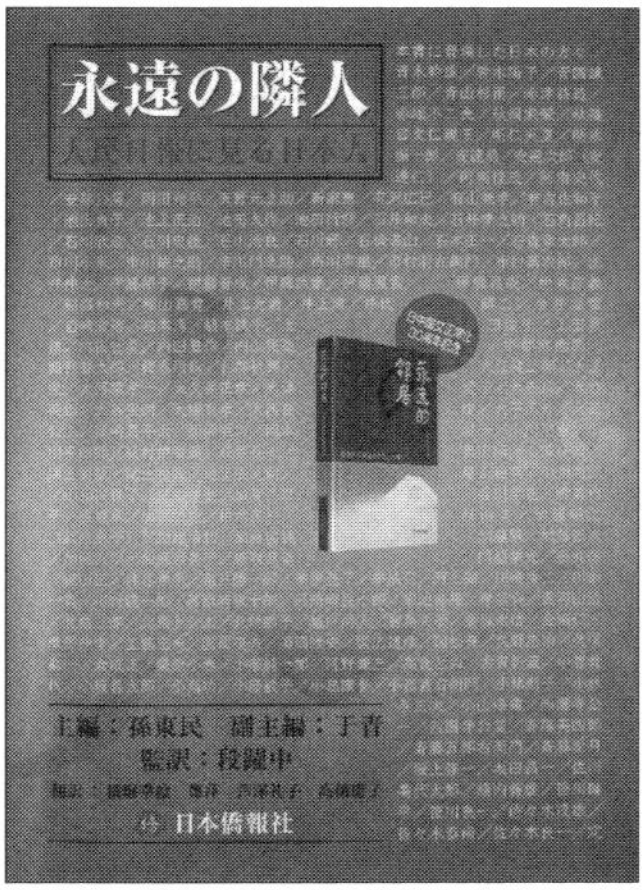

日中友好会館の歩み

「争えば共に傷つき、
相補えば共に栄える」

中曽根康弘元首相 推薦！
唐家璇元国務委員 推薦！

かつての日本、都心の一等地に発生した日中問題を解決の好事例へと昇華させた本質に迫る一冊。

著者　村上立躬
定 価　3800円＋税
ISBN　978-4-86185-198-8